Ecuador y los Estados Unidos Tratado de Libre Comercio

JUAN CARLOS GACHET

Copyright © 2015 Juan Carlos Gachet

All rights reserved.

ISBN 1522940413
ISBN 9781522940418

DEDICACIÓN

Este libro es dedicado a mi familia, en esencia ellos han sido una inspiración a lo largo de todos estos años. Mi esposa, Claudia Gachet; hijas, Monique y Lisette; hijo Jean Carlo, así como mis padres Juan E. Gachet y Bertha; hermanos Augusto y Roberto Gachet; mi abuela, Laura Gachet, tías, tíos, y primos que me brindaron todo su afecto cuando llegué a los Estados Unidos.

CONTENIDO

	Reconocimiento	i
Capítulo 1	Hechos Históricos del Ecuador	1
Capítulo 2	Tratado de Libre Comercio en las Américas	19
Capítulo 3	Análisis de Posibles Acuerdos Comerciales	39
Capítulo 4	Resultados y Discusión Comercial	51
Capítulo 5	Cuestiones Políticas	71
Capítulo 6	Libre Comercio la Mejor Solución	87
	Mapas	95
	Bibliografía Selecta	97
	Acerca del Autor	101
	Próxima Publicación: Anécdotas del Glorioso Instituto Nacional Mejía	115

RECONOCIMIENTO

En primer lugar, me gustaría expresar un agradecimiento sincero a todos los profesores que me guiaron por el colegio, la universidad y la etapa final de mis estudios de postgrado, su apoyo excepcional, y motivación. Todos ellos fueron una fuente inestimable de inspiración durante cada paso requerido para publicar este libro.

La trayectoria por el colegio Mejía de Quito, Ecuador. Su lema latino "*per aspera ad astra*" el que significa "por los ásperos caminos hacia la cumbre" puso un precedente importante y la inspiración para los logros académicos que me llevaron al mundo de la educación universitaria.

CAPÍTULO 1

HECHOS HISTÓRICOS DE ECUADOR

El enfoque principal de este libro es más que nada de concientizar los efectos de un Tratado de Libre Comercio (TLC) entre los sectores de interés ecuatorianos y de los Estados Unidos con respecto a la industria agrícola. El tema principal está diseñado para detalladamente explicar las ventajas, desventajas, y las implicaciones del libre comercio para la gente ecuatoriana. No es para convencer si Ecuador entra en el Tratado de Libre Comercio con los Estados Unidos.

El objetivo es informar al lector sobre las cuestiones económicas principales a niveles micro y macroeconómicos que conducirían a una evaluación culta. El uso de estas herramientas permitiría llegar a la decisión correcta y tener el conocimiento necesario para informar a otros de los beneficios generados por el Tratado de Libre Comercio.

El libre comercio entre países diferentes genera empleo, atrae la inversión extranjera y local, crea e incrementa el desarrollo tecnológico, que por su parte conduce al progreso industrial. El libre comercio sobre todo aumenta ganancias en sectores afectados, principalmente en la agricultura. Por lo tanto, el contenido se centrará en cómo un Tratado de Libre Comercio justo beneficiaría a ambos mercados.

HECHOS HISTÓRICOS DEL ECUADOR

Captura de Atahualpa

Fuente: Historia del Ecuador, 2014

Un acuerdo económico entre Ecuador y los EE.UU. ha estado en etapas de desarrollo por un largo tiempo, y los políticos que son elegidos por voto popular para asumir la presidencia por un período de cuatro años nunca lo cumplen. Esto es sólo una estrategia política de campaña para obtener el voto popular y mantener el mismo modus vivendi.

NAFTA (*The North American Free Trade Agreement*), como es conocido por sus siglas en inglés es nada más ni nada menos el Acuerdo de Libre Comercio de América del Norte, el cual es el mejor ejemplo de cómo los mercados de Canadá, EE.UU. y México se benefician mutuamente. La economía mexicana se benefició astronómicamente desde que el Tratado de Libre Comercio entre los tres países de América del Norte se convirtió en realidad. México se ha ubicado en treceava potencia económica en 2015 como resultado del libre comercio.

Dado que este libro se centra en el acuerdo comercial económico en curso entre las dos naciones americanas, es imperativo poner más atención a los hechos históricos fundamentales del país sudamericano.

Por aproximadamente tres siglos, Ecuador estaba bajo

control español después de la captura y ejecución de Atahualpa, el último emperador del Twantinsuyu, el Imperio Inca. Más tarde la parte norte del imperio era conocida como Territorio de Quito.

La Misión Geodésica Francesa fue la encargada de localizar y medir el centro del mundo que divide los hemisferios norte y sur a través de la Línea Ecuatorial. Este evento pone a la región en el centro de atención internacional y el gobierno de Quito aceptó el nombre de República de Ecuador, cuando el país se separó de la Gran Colombia en 1830.

Ecuador también se refiere al ecuador del globo terráqueo que va hasta la punta norte de Quito. Las Noticias Secretas de España en América mencionan por primera vez el nombre del país, y durante ese período el territorio de Ecuador fue mejor conocido como la "Real Audiencia de Quito".

La ubicación del país está en el extremo noroeste del continente sudamericano. Colombia es el vecino del norte y el Perú limita con Ecuador, principalmente en el este y el sur. El Pacífico se encuentra al oeste de la costa ecuatoriana, lo que coloca al país en una posición estratégica cerca del Canal de Panamá y el fácil acceso a Europa y África.

Las Islas Galápagos son parte de Ecuador ubicadas en el Pacífico a unos 600 kilómetros de la costa. Este archipiélago es uno de los principales atractivos turísticos de América del Sur. Charles Darwin llevó a cabo la investigación científica sobre las especies nativas y desarrolló su teoría de la evolución basada en sus observaciones y estudios en la primera parte del siglo 19.

Ecuador tiene una superficie total de 109,483 millas cuadradas y es el cuarto país más pequeño de América del Sur, con una población aproximada de 15 millones.

La capital del Ecuador es Quito, ubicada en la parte norte del país, en un valle rodeado de volcanes nevados a unos 2,850 metros sobre el nivel del mar en la Cordillera de los Andes, lo que contribuye a un clima primaveral durante todo el año.

HECHOS HISTÓRICOS DEL ECUADOR

Batalla de Pichincha

Fuente: Historia del Ecuador, 2014

Los historiadores están de acuerdo en que la rebelión por la independencia comenzó en Quito con la masacre de los revolucionarios el 10 de agosto de 1809, que dio a la ciudad el nombre de "Quito Luz de América". Ecuador logró su independencia de España después de una larga lucha por la libertad con la victoria del guerrero más confiable de Simón Bolívar, el general Antonio José de Sucre de Cumaná, Venezuela en la Batalla de Pichincha el 24 de mayo de 1822.

En 1978, la ciudad fue declarada "Patrimonio Cultural de la Humanidad" por la UNESCO (*United Nations Educational, Scientific and Cultural Organization*), por sus siglas en inglés, y conocida como (Naciones Unidas para la Educación, la Ciencia y la Cultura), debido a la arquitectura de estilo colonial único y muy bien conservado, el arte religioso y la tradición.

Los nuevos países de Colombia, Ecuador, Venezuela y Bolivia se unieron a la Gran Colombia. Ecuador se separó de la Gran Colombia después de la renuncia a la presidencia del Libertador Simón Bolívar el 27 de abril de 1830. Por lo tanto, Ecuador se convirtió en un país independiente el 13 de mayo de 1830.

ECUADOR Y LOS ESTADOS UNIDOS TLC

Ecuador es una república donde el Presidente tiene el derecho de poder como jefe de Estado y de gobierno, a condición de que el poder político se mantiene en ese nivel y no más allá de la dictadura, que formaba parte de la escena política antes de 1979 en la mayoría de los países de América del Sur.

Todas las personas que saben leer y escribir entre los 18 y 65 años tienen derecho a votar por el candidato político de su preferencia cada cuatro años, y de un buen número de diversos partidos políticos con muchas ideologías y un sinnúmero de agendas.

La economía de Ecuador es muy dependiente del petróleo y la exportación de productos derivados del petróleo desde la dictadura del general Guillermo Rodríguez Lara, quien nacionalizó la industria bajo CEPE (Corporación Estatal Petrolera Ecuatoriana).

Otras industrias conocidas son las de elaboración de alimentos en el oeste; el turismo, principalmente en Quito, Cuenca y Galápagos; textiles en la zona costera; productos de madera de la Amazonia, y productos químicos. La industria del petróleo representa más del sesenta por ciento de las ganancias de exportación del país. El país experimentó una gran crisis financiera a finales de 1990 debido a un terremoto que afectó principalmente a la región del Amazonas y los oleoductos, así como la última guerra con Perú en 1995. Sin embargo, Ecuador se ha recuperado de sus pérdidas y está desarrollándose muy rápidamente.

Ecuador negocia principalmente con los EE.UU., Colombia, Perú, Venezuela y Brasil. La Comunidad Europea y Rusia también tienen sus puestos de comercio en la nación sudamericana.

El español es el idioma oficial del Ecuador desde que los conquistadores se apoderaron del Imperio Inca y depusieron a su último emperador, Atahualpa. Se pagó un rescate extraordinario a los españoles a cambio de la liberación de Atahualpa. El rey de España, Carlos V impuso la fe católica romana apostólica, la cual se convirtió en la principal religión, cuando Quito era una colonia.

HECHOS HISTÓRICOS DEL ECUADOR

Algunos de los lugares más impresionantes e increíbles en el mundo se encuentran en Ecuador. Cotopaxi, el volcán activo más alto del mundo se encuentra a pocas horas al sur de Quito y atrae a muchos turistas y ecuatorianos que les gusta escalar montañas.

Con el fin de entender lo que implica un acuerdo económico, el primer paso lógico es mirar más de cerca y sacar una conclusión de su verdadero significado. El Tratado de Libre Comercio no es más que un consenso económico entre los países interesados para crear una zona de libre comercio, donde se puede llevar a cabo los negocios cotidianos sin tener que preocuparse de las fronteras con rapidez y agilizar las transacciones económicas sin imponer tarifas en absoluto.

El muy conocido consenso que los acuerdos económicos contribuyen a un mayor número de productos vendidos en el extranjero y la producción total en un período establecido es alcanzable. Por lo tanto, hay una gran oportunidad para poner en práctica un análisis de los planes estratégicos que conducen al desarrollo.

Estoy totalmente de acuerdo con esta conjetura ya que la Unión Europea tuvo que pasar por todos los inconvenientes de permitir el ingreso de los países con economías menos desarrolladas que no cumplían con los requerimientos, tales como España, Italia y Grecia durante los primeros años.

Esto causo dolores de cabeza significantes a nivel económico, sin embargo, estos países con economías problemáticas se beneficiaron por ser miembros. La inyección de capital necesario para sus mercados contribuyó al crecimiento global de la Unión Europea hasta el punto de que el euro superó el valor de mercado del dólar de EE.UU.

Este libro se centra principalmente en la situación actual y aborda hechos históricos sobre los temas que están desarrollándose con respecto al Tratado de Libre Comercio entre Ecuador y los Estados Unidos a nivel de la industria agrícola y otros sectores económicos.

Incorpora la perspectiva de algunos estudiosos y economistas con el fin de llegar a una solución que beneficie a

ECUADOR Y LOS ESTADOS UNIDOS TLC

ambos países.

A partir de enero de 2004, Estados Unidos ha firmado tratados de libre comercio (TLC) con diferentes países de todo el mundo, como Israel, Canadá, México, Jordania, Singapur y Chile.

Los EE.UU. está actualmente elaborando acuerdos de libre comercio bilaterales con otros 12 países y regiones: Australia, Marruecos, América Central, y los 5 miembros de la Unión Aduanera del África Meridional, que algunos también cuentan entre los 33 socios en la negociación del Área de Libre Comercio de las Américas (ALCA).

Además, el Representante Comercial de EE.UU. (USTR) por sus siglas en inglés, ha notificado al gobierno de su intención de iniciar conversaciones con Bahréin, algunos países de América del Sur y Tailandia en el año 2004. Los socios actuales del TLC representan más de un tercio del comercio total de mercancías de EE.UU.; tras la finalización de las nuevas negociaciones bilaterales de libre comercio y el ALCA, más del 40 por ciento del comercio de EE.UU. será cubierto con los pactos de libre comercio (Schott, 2004).

Con el fin de entender más claramente así como una visión global del comercio ecuatoriano, el primer paso necesario es echar un vistazo a su comercio internacional desde la perspectiva macroeconómica.

De acuerdo con el *2012 Time Almanac* "Las importaciones a partir del 2006: $12,114,000,000. Combustibles minerales 21.1%, maquinaria y aparatos 20%, productos químicos 15.3%, vehículos motorizados y repuestos 11.5%, hierro y acero 6%. De fuentes de importación importantes a partir del 2008: EE.UU. 19%, Colombia 9.6%, Brasil 4.8%, Japón 3.6%, México 3.5%.

Las exportaciones a partir del 2006: $12,728,000,000. Petróleo crudo 54.5%, bananos y plátanos 9.5%, pescados 5.4%, camarones 4.6%, productos derivados de la refinación del petróleo 3.9%, flores 3.4%. Los principales destinos de las exportaciones a partir del 2008: Estados Unidos 45.3%, Perú 9.2%, Chile 8.2%, Colombia 4.2%, Venezuela 3.8%."

Este punto de vista macroeconómico del comercio

internacional es de más beneficio para la economía ecuatoriana que para los EE.UU. ya que las exportaciones de Ecuador a los EE.UU. representan el 45.3%, y sus productos importados de los Estados Unidos representan el 19%. El auge de la economía de la década de 1970 se atribuye al descubrimiento de petróleo crudo en la región amazónica, que revolucionó la economía ecuatoriana y al mismo tiempo representa la mayor parte de las exportaciones a otras partes del mundo.

Un número significante de empresas de Estados Unidos están llevando a cabo negocios en el Ecuador, lo cual es un buen indicador económico, ya que la inversión extranjera estimula la economía local mediante el incremento de capital y la creación de puestos de trabajo. Esto es beneficial tanto para ambos mercados sin importar las opiniones políticas. Es simple matemática de economía; las "leyes de la oferta y la demanda" hacen el trabajo mediante la generación de ganancias para ambos países. Por lo tanto, es una situación de triunfo económico.

Empresas estadounidenses dedicadas a la industria de la producción ecuatoriana que contribuyen al desarrollo local son General Motors, Philip Morris, Mead Johnson, Avon conocido por los cosméticos y lencería; Coca-Cola Co. famoso por el mercado de refrescos, y unos cuantos más.

Las franquicias estadounidenses de comida rápida y restaurantes actualmente operan en Ecuador; los más famosos son el Pizza Hut, Kentucky Fried Chicken, Taco Bell, Burger King, McDonalds. Las más recientes establecidas en las principales ciudades ecuatorianas son TGI Fridays Tony Roma, Johnny Rockets, Chili, Papa John, Domino Pizza, Subway, Quiznos y Hooters.

Según el Servicio Comercial de Estados Unidos del año 2011. El sector bancario de Estados Unidos se lleva a cabo principalmente por el Citibank y Bank of America. La industria del transporte está representada por American Airlines, Continental y Delta. Los EE.UU. han invertido poco a poco en el mercado textil y agrícola, como flores, frutas y verduras.

ECUADOR Y LOS ESTADOS UNIDOS TLC

Hace veinte años, sólo había unas pocas empresas que operan allí, como Texaco, Burger King y Kentucky Fried Chicken. Basado en el número de empresas estadounidenses que operan actualmente en Ecuador, es obvio que el país sudamericano está prácticamente americanizado.

La tasa de inflación estaba disparándose sin control como parte de un movimiento político estratégico repentino para el control de la economía ecuatoriana, y la última solución fue reemplazar el sucre por el dólar estadounidense como moneda nacional a principios del año 2000. Esa época turbulenta ya se ha ido y la implementación del dólar como unidad monetaria nacional energizo la economía a la larga.

El principal problema con el tratado de libre comercio es su estancamiento. Sin embargo, el presidente Correa ha decidido renegociar la deuda del país debido a un terremoto en la región amazónica, que destruyó los principales oleoductos, antagoniza un acuerdo de libre comercio con los EE.UU., y sin embargo, decidió frenar las concesiones para las empresas mineras.

Parte de la campaña presidencial de Correa fue de rescindir el contrato con la única base militar de Estados Unidos en América del Sur. Lo cual se convirtió en realidad cuando el contrato de la base militar estadounidense en Manta no fue renovado debido a un presunto escándalo de espionaje que implican a varios funcionarios de alto rango.

Hay diferentes argumentos que se tratan en la mesa de negociaciones para un acuerdo comercial entre Ecuador y Estados Unidos, que beneficiaría a la economía ecuatoriana, o que pondría la población ecuatoriana en una posición de desventaja económica.

Según Silkee en el 2008, las relaciones diplomáticas de Ecuador con los EE.UU. han estado en buenos términos. Sin embargo, la agitación política ha puesto en peligro las relaciones bilaterales. Aunque los EE.UU. ratifico acuerdos de libre comercio con los países vecinos de Ecuador al norte y al sur. Los esfuerzos para alcanzar un acuerdo de libre comercio con Ecuador se han postergado por una disputa con una empresa petrolera.

HECHOS HISTÓRICOS DEL ECUADOR

Desde un punto de vista político y económico de los expertos en la materia han aconsejado al gobierno de Estados Unidos no contradecir Correa, sino utilizar tácticas diplomáticas para obligarlo a mantener un mercado abierto y las políticas democráticas, tales como el mantenimiento de las preferencias comerciales de Estados Unidos para el Ecuador.

Durante el gobierno del general Guillermo Rodríguez Lara (1972-1976), la industria petrolera fue nacionalizada bajo CEPE (Corporación Estatal Petrolera Ecuatoriana). Se descubrió más petróleo en la cuenca del Amazonas, esto a su vez revolucionó la economía ecuatoriana, y dio lugar a una transición de la agricultura a la producción petrolera.

Goodman, González, 2008, afirmó que más del 50% de la economía del país sudamericano se basa principalmente en la industria del petróleo y la fabricación está reservada para el mercado local. Las empresas locales y los productos agrícolas se utilizan para el consumo interno y la exportación.

Los principales productos que representan las exportaciones generan un alto ingreso de capitales son el petróleo, flores, banano, camarones, y otros productos. En el año 2010, los productos de petróleo crudo y refinado generaron el 56% de los ingresos totales de exportación.

Ecuador es el primer exportador de banano del mundo, como se ve en los mercados de Estados Unidos y Europa, generando cerca de $2.1 billones de dólares y un importante exportador de camarón que trae $830 millones y el cacao con una producción de $402 millones.

Las exportaciones de otros productos o mejor aún nuevos en el mercado, como las flores representan $600 millones, conservas de pescado $600 millones, y la industria del automóvil contribuye con $375 millones.

El Tratado de Libre Comercio entre Ecuador y los EE.UU. no beneficiaría en última instancia a la economía ecuatoriana a corto plazo debido a que el mercado industrial de allí aún no está muy bien desarrollado.

En otras palabras, el Ecuador no tiene economías de escala, y si por ejemplo Levis entra en ese mercado, beneficiaría al consumidor, pero el productor local estaría en desventaja. El consumidor tendrá la libertad de elección y obtener un mejor producto a un precio más alto, sin embargo, el productor estaría obligado a declararse en quiebra porque no podría producir en grandes cantidades, ni pagar a sus empleados un sueldo justo, o apoyar las operaciones de la empresa.

Lo mismo ocurriría en el mercado agrícola, digamos que el gobierno ecuatoriano permite a la industria láctea entrar en el mercado local a $1.00 por galón, el productor local está vendiendo el mismo producto por $1.50. El consumidor, por supuesto, tendría que elegir el producto más barato obligando al productor local a bajar el precio. Sin embargo, este proveedor local no sería capaz de producir en escala, y en última instancia, se vería obligado a salir en quiebra.

Como se mencionó antes, la producción ecuatoriana aún no es una economía de escala, y tomaría años para llegar a ese nivel. Una vez que se haya hecho realidad el mercado local estaría dispuesto a involucrarse en un Tratado de Libre Comercio con los Estados Unidos. Ese es el motivo principal por el cual los diferentes gobiernos no han llegado a ningún acuerdo todavía con el fin de proteger el mercado local y principalmente al productor local.

Otros sectores de la economía ecuatoriana se beneficiarían con un TLC, por ejemplo, el sector bancario se vería obligado a competir, digamos en el supuesto caso de Bank of America. ¿Por qué? Simplemente porque Bank of America ofrece un mejor servicio al cliente que obliga a los banqueros locales a competir ya sea recapacitando y rediseñando su estrategia, así como también ofreciendo al cliente mejores ofertas de préstamos a mejores tasas de interés.

El objetivo principal es profundizarse en los principales hechos y obtener la mejor respuesta para la economía ecuatoriana y las personas que están contribuyendo a su progreso. Además, para estudiar y llegar a las raíces de los problemas principales por las que este proceso ha llegado a estancarse. Se habla mucho acerca de este tema desde el punto de vista político, así como del ciudadano común, las personas que están a favor y otros que sólo se oponen debido a la dominación yanqui.

Otro de los objetivos es llevar a cabo el análisis correcto que afecta al Tratado de Libre Comercio en lo que respecta a la producción, las importaciones, las exportaciones, el consumismo y la entrada de capitales de diferentes agentes económicos de la economía ecuatoriana. Este estudio analiza los resultados de diferentes escenarios, con y sin TLC para Ecuador utilizando un modelo aplicado de equilibrio general, que incluye datos de socios a nivel económico relacionados con el TLC de América del Sur y la Unión Europea.

Además, este estudio tiene en cuenta las interdependencias entre estos socios comerciales, así como los efectos directos e indirectos que un acuerdo con grandes y profundas repercusiones como el TLC traería a la economía ecuatoriana.

Diferentes escenarios se establecieron con el fin de analizar el impacto del TLC en la economía ecuatoriana. En los primeros escenarios, Ecuador firma el TLC, y en los otros escenarios Ecuador no firma el TLC.

El escenario en el cual Ecuador firma el TLC incluye a Colombia y Perú, lo que permite a los EE.UU. libre acceso a sus mercados. A cambio, los países andinos consolidan las preferencias arancelarias reales otorgadas por los EE.UU., además consiguen varias preferencias bajo la Ley de Preferencias Arancelarias Andinas y Erradicación de la Droga mejor conocida como ATPDEA (siglas en inglés para *Andean Trade Promotion and Drug Eradication Act*), y los EE.UU. elimina los subsidios a la producción de los bienes agrícolas.

Los escenarios en los que Ecuador no firma el TLC, pero Colombia y Perú acuerdan hacerlo tendrían estas consecuencias. Colombia y Perú permiten a los EE.UU. libre acceso a sus mercados; y a cambio estos países reciben preferencias del ATPDEA.

Ecuador pierde trato preferencial arancelario del ATPDEA y se le imponen las mismas tarifas que a Venezuela de parte de los EE.UU. En otras palabras, el Ecuador obtiene tarifas más caras que las impuestas por los EE.UU., al mismo precio de las tarifas impuestas a Venezuela.

En la otra situación, Colombia y Perú permiten a los EE.UU. libre acceso a sus mercados. A cambio estos dos países andinos obtienen mejores preferencias del ATPDEA, y los EE.UU. eliminan los subsidios en la producción del mercado agrícola. Ecuador abandona la tarifa de trato preferencial de la ATPDEA y el país está obligado a pagar los aranceles iguales a los impuestos a Venezuela por los EE.UU.

Los resultados preliminares serán si Ecuador firma el TLC como sus socios económicos andinos Colombia y Perú. Si Ecuador no obtiene más libertad de acción de los EE.UU. que la consolidación de la ATPDEA, y suponiendo que no habría ningún tipo de fricción externa o interna. Esto implicaría un resultado inmediato de un déficit comercial, la reducción en los ingresos de los factores de producción y el colapso del bienestar social de la gente en Ecuador.

Si Ecuador firma el TLC y los países andinos obtienen mejores tarifas preferenciales y una mayor cuota de azúcar. Eso quiere decir una reducción del 50% de los aranceles equivalentes *ad valorem* impuestos por los EE.UU.

Ecuador podría incluso experimentar un efecto inmediato del déficit económico, la reducción de los ingresos de los bienes utilizados en la producción. Eso llevaría al fracaso de la asistencia social del Ecuador.

De nuevo, si Ecuador firma el TLC y permitiendo las ya mencionadas ventajas arancelarias con los otros países andinos. Como resultado, los EE.UU. reduce sus subsidios a la producción agrícola. Ecuador podría incluso terminar con un impacto negativo en la balanza comercial, una caída menor en la producción y la demanda, en los ingresos de los factores de producción, y una reducción del bienestar social de la población.

Incluso sin el TLC, Ecuador podría experimentar los mismos efectos que con un supuesto TLC, pero en menor proporción. El valor agregado de la mayoría de los sectores reflejaría una caída, el ingreso de los factores refleja la reducción en el valor agregado, la caída de la demanda agregada, así como el bienestar social. En general, la economía

HECHOS HISTÓRICOS DEL ECUADOR

Batalla de Yorktown

Fuente: Recuerdo de Virginia, 2014

no muestra un mejor rendimiento sin un TLC, debido a la caída del producto interno bruto.

Sin embargo, si se analiza lo que sucedería a corto y largo plazo, se espera que haya acontecimientos positivos con un TLC así como los mecanismos necesarios para atraer la inversión. Además, se espera que el TLC abra el camino a mejores tecnologías e innovación.

Colombia y Perú firmaron oficialmente el acuerdo de libre comercio con los EE.UU. Se suponía que sería difícil proteger algunos sectores económicos amenazados por productos de competencia importados de los Estados Unidos. En particular, el arroz, los cereales y otros productos, debido a que estos entrarían al Ecuador desde los países fronterizos que firmaron el TLC con los EE.UU.

En un análisis de los diferentes sectores, es obvio que los sectores que se beneficiarían con el TLC, a diferencia de una reducción sin el TLC, incluye los sectores que se benefician con las tarifas establecidas por el ATPDEA, como estos mercados particulares: frutas, hortalizas, flores, azúcar y la pesca.

ECUADOR Y LOS ESTADOS UNIDOS TLC

Según el Informe del Servicio de Investigación Legislativa del 2008 (CRS *Congressional Research Service*) para el Congreso, las negociaciones diplomáticas para un acuerdo de libre comercio con Ecuador han estado paralizadas hasta nuevo aviso sobre la disputa con la compañía petrolera estadounidense. En este caso, Estados Unidos tiene que ceder y llegar a un acuerdo con el gobierno de Correa o simplemente esperar con paciencia hasta que su mandato termine y el pueblo ecuatoriano elija al próximo mandatario.

El comercio exterior ecuatoriano depende en gran medida de los EE.UU., por ejemplo, las importaciones de Ecuador desde los EE.UU. representan el 19%, y exporta el 48% a los Estados Unidos. Muchas inversiones vienen y están financiadas por las empresas estadounidenses establecidas en el Ecuador.

El impacto de un Tratado de Libre Comercio de acuerdo a Goodwin (2006), los argumentos relacionados con el "¿Por qué las Naciones se resisten frecuentemente al

libre comercio?" se centran principalmente en su eficiencia, el aumento de la producción y el consumo, y por qué no en las oportunidades y los beneficios de una economía mundial bien integrada.

Una vez más, este es el caso del Gobierno de Correa en Ecuador. El presidente sostiene que un acuerdo TLC no es beneficioso para el país por muchas razones.

A esta altura, es necesario recalcar una entrevista con el presidente Rafael Correa sobre por qué "Ecuador ya no está a la venta" realizada por el periodista Greg Palast en el 2008. Correa sostuvo que el país ya no está a la venta debido a su soberanía y gobierno nacionalista.

Esto en esencia es la verdad; algunas idiosincrasias son utilizadas para fomentar el aislamiento del resto del mundo. Sin embargo, cualquier economía necesita inversión extranjera para estimular los mercados locales

con el fin de sobrevivir y mantenerse competentes.

Esta es una poderosa entrevista que conduce a las raíces fundamentales de la resistencia del gobierno ecuatoriano para firmar el TLC con los EE.UU. La principal se refiere al daño

HECHOS HISTÓRICOS DEL ECUADOR

ambiental y social en la región amazónica, así como la oposición de la presencia militar estadounidense en territorio ecuatoriano.

Es esencial que se hable acerca de los principales hechos históricos de Estados Unidos para entender mejor a la primera potencia económica del mundo hasta octubre del 2014

Los españoles, franceses e ingleses colonizaron América del Norte durante los siglos XVI y XVII. Ponce de León exploró Florida en 1513, Giovanni da Verrazzano al servicio de Francia exploró el Atlántico Norte en 1524, Hernando de Soto descubrió el río Mississippi en 1542, Sir Walter Raleigh fundo la colonia de Roanoke en 1587.

El Congreso Continental de las trece colonias americanas proclamó la Declaración de Independencia del antiguo imperio británico el 4 de julio de 1776.

Las fuerzas combinadas del ejército continental al mando del general George Washington y el ejército francés dirigido por el conde de Rochambeau dieron el golpe final a las fuerzas británicas y alemanas comandadas por Lord Cornwallis, quien se rindió en la batalla de Yorktown, el 19 de octubre de 1781. El Tratado de París (3 de septiembre, 1783) selló oficialmente la guerra revolucionaria americana.

En la actualidad la economía de Ecuador se encuentra en el octavo puesto en América Latina después de Brasil, México, Argentina, Colombia, Perú, Venezuela y Chile.

En abril del 2007 se creó la Unión de Naciones Sudamericanas (UNASUR), integrada por los doce países independientes de América del Sur, con sede en Quito, y fue nombrado primer Secretario General el ex Presidente ecuatoriano Rodrigo Borja Cevallos (10 ago. 1988-10 ago.1992), pero no ejerció el cargo porque renunció por discrepancias con este organismo

La economía ecuatoriana ha logrado alcanzar una bonanza por el petróleo y gasto público, pero ha tenido en 2013 y 2014 déficit fiscales superiores al 5%, dando lugar al gasto de más de 5,000 millones de dólares por encima de los ingresos. Hubo muchos recursos invertidos en obra pública, para el beneficio de los sectores populares en educación y salud.

El peso ecuatoriano fue renombrado a sucre en 1884, fue definido en 22.5 gramos de plata equivalente a 5 francos. En 1898 Ecuador cambia al patrón oro, con el sucre definido como 732.224 miligramos de oro fino equivalente a 2 chelines de libra esterlina.

En 1932 se suspende el oro y la tasa oficial fue fijada en 5.95 compra por dólar estadounidense. Después el precio de plata subió más del valor nominal de la mayoría de monedas de plata en la década de 1930. Esto dio lugar a varios ajustes al sistema de cambio de divisas pese a lo que el sucre siguió depreciándose.

Los controles de divisas, se levantaron en 1937 y el tipo de cambio oficial se fijó en los 13.5 sucres por dólar, se devaluó a 14.77 sucres por dólar en 1940 y se volvieron a imponer controles de cambio. El tipo de cambio oficial se convirtió en 14 en 1942 y 13.5 en 1944, 15 sucres por dólar en 1950, 18 en 1961, y 25 en 1970.

El sucre mantuvo un tipo de cambio relativamente estable contra el dólar hasta 1983, se devaluó a 42 por dólar. La depreciación toma impulso y el mercado libre lo hizo llegar a más de 800 por dólar en 1990 y casi 3,000 en 1995. Perdió 67% de su valor de cambio durante 1999 terminando en 25,000 sucres por dólar.

En enero del 2000, el Presidente Jamil Mahuad Witt (10 ago. 1998-21 ene. 2000) anunció que el dólar de los Estados Unidos sería adoptado como moneda oficial de Ecuador.

HECHOS HISTÓRICOS DEL ECUADOR

Palacio de Carondelet, Quito - Ecuador

Fuente: Wikipedia Turismo, 2015

CAPÍTULO 2

TRATADO DE LIBRE COMERCIO EN LAS AMÉRICAS

Ecuador no sólo se extiende a ambos lados de la línea equinoccial, es prácticamente único entre los países latinoamericanos y centroamericanos en general. Continua en el dialogo sobre todo en la línea de sus relaciones con los EE.UU. para llegar a un acuerdo de libre comercio común como parte de un Acuerdo de Libre Comercio más importante que integraría a todo el continente. De hecho, a pesar de las negociaciones en curso, Ecuador se destaca de sus vecinos, ya que aún no tiene una agenda común de libre comercio establecida con los Estados Unidos.

Durante las últimas dos décadas, los acuerdos comerciales con diferentes regiones del continente se han aplicado con resultados a favor y en contra, pero el país andino de Ecuador continua siendo excluido de estos acuerdos y las negociaciones hasta el día de hoy. Este capítulo examina los antecedentes de estos acuerdos comerciales y su situación actual con respecto a Ecuador para identificar posibles obstáculos para el progreso y la probabilidad del éxito.

La experiencia y visión sobre el tema económico están mejor representados por el dicho de que "la marea alta pone a flote a todos los barcos". Se cree que tiene que ver especialmente con los acuerdos de libre comercio multilaterales que incrementan el comercio entre los países involucrados de manera que sean de beneficio mutuo. Pese a los intentos de forjar un pacto económico con Ecuador, los dos países no han logrado llegar a una solución para sobrepasar el resto de obstáculos a la inclusión del acuerdo de libre comercio con los EE.UU.

Aunque, los Estados Unidos aún representa para Ecuador el socio comercial más importante en el campo de exportación e importación. Además, algunos observadores sugieren que la aceptación de Ecuador a estos acuerdos de libre comercio son superficiales y la mayoría de las mercancías que son objeto de intercambio comercial entre los dos socios económicos ya están libres de impuestos.

Otros analistas, sin embargo, sugieren que al mantener a Ecuador fuera de estos acuerdos comerciales multilaterales, al país se le está negando de una participación equitativa con los países centroamericanos vecinos al nivel de las condiciones económicas en juego.

Inclusive Ecuador cuenta con otros recursos naturales como el oro, la madera y el cobre, así como de un sector agrícola importante. La economía del país continua dependiendo en gran escala de sus recursos petrolíferos conocidos, que representan más del 50 por ciento de sus exportaciones y aproximadamente del 40 por ciento de sus ganancias del sector público en las últimas temporadas (*USDA at work in Ecuador, 2011*).

Durante los primeros años de la década de 1990, Ecuador también experimentó una crisis económica significativa causada por la crisis bancaria, provocando una contracción del PIB de un 5.3%. Como resultado, el gobierno ecuatoriano no cumplió con el pago de la deuda externa y la pobreza en el país se incrementó sustancialmente. (Economía del Ecuador, 2012)

En respuesta a la situación, el gobierno de Estados Unidos autorizó una serie de reformas estructurales para el Ecuador para ayudar a recuperarse de su crisis económica,

ECUADOR Y LOS ESTADOS UNIDOS TLC

incluyendo la circulación del dólar estadounidense como moneda oficial del Ecuador. Así lo describen algunos economistas a la situación durante este período.

Según Matthews, Maniam y Balasundram (2006), Ecuador pasó por una revisión completa de su sistema monetario, a través de los golpes macroeconómicos del mercado mundial, lo que finalmente obligó al país a renunciar a su moneda nacional, el sucre, y adoptar el dólar estadounidense.

Tras una serie de reformas estructurales, la economía de Ecuador mejoró y, debido en gran parte a las remesas de los expatriados, los precios altos del petróleo y las nuevas exportaciones adicionales (Economía del Ecuador, 2012). De hecho, durante el período del 2002 al 2006, la economía de Ecuador gozó de un saludable 5.2 por ciento al incremento anual promedio, lo que representa el crecimiento más agresivo en un cuarto de siglo.

Tras un crecimiento económico modesto hasta el 2007, la economía ecuatoriana se propuso alcanzar una tasa de crecimiento del 7.2% en el 2008, atribuible al aumento de los precios del petróleo a nivel mundial, así como una mayor inversión en el sector público de Ecuador.

A pesar de este prolongado crecimiento de la economía, la situación cambio cuando el presidente Rafael Correa asumió el cargo presidencial en enero del 2007. Después de la toma de mando, el nuevo presidente dejo de pagar la deuda soberana de Ecuador en diciembre del 2008 por un monto aproximado de $3.2 billones, monto que representó alrededor del 30 % de la deuda externa pública del país.

A pesar de este revés económico, en mayo del 2009, Ecuador fue lo suficientemente solvente para redimir a casi todo (91%) de sus deudas en mora (Economía del Ecuador, 2012). Las acciones posteriores de la administración del nuevo presidente han creado algunos motivos de preocupación para el futuro.

Las secuelas persistentes de la Gran Recesión del 2008, sin embargo, junto con la disminución de las remesas de los expatriados y fuertes reducciones en los precios mundiales del petróleo han afectado adversamente la economía ecuatoriana y el crecimiento fue de apenas un 0.4% en el 2009. Para el 2010, sin embargo, el crecimiento económico se había reanudado a nivel satisfactorio y logrado un incremento del 3.6% en el 2010, así como un aumento del 6.5% en el 2011.

Últimamente, otros indicios sugieren que la economía ecuatoriana está dotada para sustentar crecimiento en el futuro. Por ejemplo, solamente en el 2011, el gobierno ecuatoriano:

1. Concreto un acuerdo de un préstamo de $2 billones de dólares con el Banco de Desarrollo de China.
2. Recibió $1 billón de dólares en virtud de un acuerdo de venta durante 2 años por intermedio de un convenio petrolífero.
3. Aseguro $571 millones de dólares de financiamiento con el Banco Exim de China para un nuevo proyecto hidroeléctrico.
4. Proclamo planes para asegurar más créditos chinos en el 2012 (Economía del Ecuador, 2012).

Aunque Estados Unidos sigue siendo el principal socio comercial de Ecuador en el campo de importación y exportación, pero desde que el gobierno ecuatoriano dejo de hacer el pago de la deuda externa en el 2008, China se ha convertido desde aquel entonces en el mayor prestamista a nivel internacional de Ecuador, lo cual da más libertad del gasto social por parte del gobierno ecuatoriano.

Por supuesto, esta libertad de gasto social, también puede conducir a gastos motivados políticamente de manera que se pretende promover oportunidades inmediatas para la reelección en lugar de la necesidad de un desarrollo económico nacional a largo plazo. Por otra parte, es difícil o incluso imposible poner un precio en el liderazgo nacional y la capacidad de imponer aranceles como más convenga en respuesta a cambios en el mercado de forma que contribuyan a su popularidad.

En conjunto, esta poderosa combinación de flexibilidad

política en el evento de una situación social dinámica quiere decir que es importante "seguir al dinero" con el fin de determinar quién se beneficia del comercio internacional y estos temas se discuten más adelante.

El estado actual de los acuerdos de libre comercio en las Américas a nivel general con las coaliciones regionales de comercio y pactos comerciales de mutuo interés han asumido un papel cada vez importante en el hemisferio occidental en los últimos tiempos.

Los EE.UU. continúan discutiendo sobre el tema de un acuerdo comercial abierto con el Gobierno ecuatoriano. En el momento de redactar el mismo, los participantes reportan el consumo, y que Ecuador también fue parte de las negociaciones del TLC Andino pero Perú logró llegar a un acuerdo mutuo unilateral con la gran potencia del norte, mientras que la posición ecuatoriana se mantuvo en proceso de negociación.

Hubo algunas claras indicaciones de un convenio *quid pro quo* en el acuerdo unilateral forjado entre los EE.UU. y Colombia. Tal es el caso de a pesar que los gobiernos de Ecuador y Perú también tuvieron un impuesto de admisión sin restricciones al mercado de Estados Unidos para una canalización de sus bienes en virtud del ALCA, el acuerdo con Colombia y Perú, asegura y aumenta la admisión libre de impuestos. A cambio, se redujo inmediatamente los aranceles colombianos en casi el 80% de los productos manufacturados estadounidenses con un acuerdo para eliminar el 18% restante que se llevara a cabo durante la próxima década.

Por otra parte, en el 2003, el Poder Ejecutivo de los Estados Unidos indicó que no habría negociaciones posteriores a tratarse con respecto a un acuerdo comercial diferente con la República de Panamá. El gobierno de Estados Unidos ratificó un consenso de asistencia y el convenio para un Acuerdo Común Estados Unidos-Uruguay a finales del 2006 (Faber, 2007).

Es evidente, sin embargo, que hay algunos "obstáculos" involucrados en estos "bloques de construcción". El Área de Libre Comercio de las Américas, con Ecuador destacándose a

TRATADO DE LIBRE COMERCIO EN LAS AMÉRICAS

pesar del doloroso proceso, pero a la larga saludable, en virtud de la ausencia completa de aranceles y pagos obligatorios que nivelan el papel que se desempeña económicamente sobre los miembros del acuerdo de libre comercio.

En realidad, los aranceles se pueden utilizar de muchas formas diferentes, dependiendo de los resultados esperados y la situación de los comerciantes involucrados. En algunos casos, las tarifas sólo están diseñadas para nivelar el campo de juego, mientras que en otros, con la intención específica de generar ganancias en las compras, y en otros casos han de considerarse como una sanción.

Por ejemplo, los aranceles son impuestos que se aplican a los productos importados del extranjero. El comercio internacional se ve afectado por los aranceles y las restricciones comerciales relacionadas; los aranceles se pueden clasificar como ingresos o como protección y un pago elevado de tarifa obligaría a que los productos nacionales sean competitivos. También es conocido como impuesto. Además, se imponen tarifas a las ganancias para recaudar fondos para el gobierno de turno, y los aranceles proteccionistas, que son más altos que los aranceles por las ganancias generadas, están diseñados para aumentar la venta de las mercancías importadas.

Como el único país andino que se mantiene sin un tratado de comercio abierto formalizado con los Estados Unidos, se trata de cuestiones esenciales ya que se refieren a la capacidad de tales acuerdos para ayudar a mejorar el nivel de vida de todos los ecuatorianos en lugar una selecta élite opulenta.

Con relación a este tema, Venkataramany y Sivakumar (2008) reportan "Los países que son actualmente parte de la planificada Área de Libre Comercio de las Américas (ALCA) tienen requisitos exclusivos y preocupaciones, pero casi todos los participantes están enfocados a reducir las remuneraciones de comercio sin restricciones a nivel de cada socio y su comunidad".

Por lo tanto, el estado actual del ALCA no puede ser en absoluto sorprendente dados los intereses en conflicto y las

ECUADOR Y LOS ESTADOS UNIDOS TLC

cuestiones políticas dinámicas que están involucradas. La cuestión es el tiempo que los negociadores han estado trabajando para resolver sus diferencias.

De hecho, el trabajo inicial con Ecuador y su situación con respecto al ALCA a opacado directamente la idea del Tratado de Libre Comercio de América del Norte a mediados de la década de 1990 y la mayoría de los observadores en aquel tiempo y en los años siguientes han anticipado la formalización de este acuerdo para la fecha de fin de plazo establecida del 1 de enero del 2005.

Este fue el tema central de una serie de protestas que se produjeron en Ecuador en respuesta a los intentos del gobierno para forjar un acuerdo del ALCA con Estados Unidos en el 2006.

La protesta social que surgió en respuesta a las determinaciones de Ecuador para forjar un tratado de comercio libre con los Estados Unidos. De hecho, poco popular entre la mayoría de los pueblos indígenas, que creían en el esfuerzo fue un intento de extender la hegemonía estadounidense en su país aún más.

Estos son temas preocupantes en una supuestamente América Latina post-colonial, pero está claro que en el siglo 21 donde los ingresos anuales de muchas corporaciones multinacionales superan el presupuesto de todos los países centroamericanos en conjunto.

La manera en que el gobierno ecuatoriano responde a estas cuestiones probablemente determinará qué acción adecuada será requerida para aplastar la disidencia social y en qué medida será requerida la fuerza militar para lograr ese objetivo. Hasta la fecha, los informes de Ecuador suenan más como algo de Oriente Medio que en el propio terreno de los Estados Unidos.

La voluntad del gobierno ecuatoriano para emplear la fuerza militar también se puso de manifiesto durante estas manifestaciones. No sólo el gobierno respondió con la fuerza militar, suspendió los derechos constitucionales e implementó la ley marcial virtual con amplios poderes de arresto.

De acuerdo con un informe de NotiSur el cual señala que

se movilizaron las fuerzas policiales y el ejército para limpiar las carreteras bloqueadas durante el mes de marzo del 2006. Luego, la administración declaró el estado de emergencia en diferentes partes del país.

Los ecuatorianos reaccionaron a la iniciativa del ALCA con una participación joven de fuerza. Aproximadamente mil quinientos nativos y estudiantes marcharon pacíficamente por la capital, Quito, el 22 de marzo, en protesta contra un posible acuerdo con los Estados Unidos.

En un discurso al Consejo de la Organización de los Estados Americanos (OEA) y el Consejo de Asuntos Mundiales en Washington, DC el 16 de enero del 2002, el presidente George Bush hizo hincapié en el compromiso de Estados Unidos para el establecimiento de un Área de Libre Comercio de las Américas para el año 2005.

Esta no fue la primera vez que el presidente Bush se había comprometido con la iniciativa del Área de Libre Comercio para las Américas.

De hecho, en un discurso ante la OEA, en el 2001, el presidente reafirmó el compromiso de Estados Unidos al promocionar el Área de Libre Comercio para las Américas la que convertiría al continente Americano en la zona de libre comercio más grande del mundo, que abarca 34 países y 800 millones de personas. (*Bush pushes Free Trade Area, 2002*).

Sin embargo, la fecha prevista, ha llegado y pasado, y nada sustancial ha cambiado en lo provisional a excepción del creciente escepticismo que se puede alcanzar cualquier resultado positivo. El estado actual del ALCA se ha mantenido prácticamente sin cambios durante los últimos 5 años: "las conversaciones del Área de Libre Comercio de las Américas llegaron al punto de paralizarse en el 2007 y todavía están pendientes" (Venkataramany y Sivakumar, 2008).

De hecho, incluso la página de Internet del Representante Comercial de EEUU (*USTR U.S. Trade Representative* por sus siglas en inglés) se ha cerrado sin indicación de su situación futura y todo lo referente a Ecuador se ha deshabilitado aunque todavía están en la lista.

En realidad, a primera vista el concepto de "libre

comercio" suena acogedor para todo el mundo. Después de todo, más comercio equivale al aumento del desarrollo y quién puede discutir del mismo si se lo está haciendo "gratuitamente" Al respecto, Fandl (2007) informa que hay una serie de resultados satisfactorios relacionados con los acuerdos de libre comercio. Por definición, el libre comercio está destinado a aumentar las importaciones y exportaciones entre países de manera que sean mutuamente favorables.

Cuando el término "libre comercio" es utilizado para describir los acuerdos que no son necesariamente justos, sin embargo, las cosas se vuelven más perplejas. Los resultados económicos de los pactos de libre comercio en los países andinos que buscan capital en el comercio internacional son complicados debido a sus procesos multifacéticos.

Con respecto al mismo, algunos observadores sugieren que este es el caso con el ALCA, que tiene previsto fomentar la prosperidad económica de los países participantes en varios niveles, el resto del mundo lo visualiza como un esquema de distracción comercial. En un mercado cada vez más globalizado, el concepto del Acuerdo Comercial Abierto de las Américas puede haberse convertido en obsoleto antes de tener una oportunidad.

Por otra parte, algunos analistas sostienen que el Tratado para el Área de Libre Comercio de las Américas es superfluo, ya que la gran mayoría de todos los bienes ya son exentos de los impuestos de aduana establecidos por el gobierno. Por ejemplo, Kornis (2004) enfatiza que, mientras los Estados Unidos inician las conversaciones con los homólogos de América del Sur para un acuerdo de libre comercio entre Estados Unidos y los países andinos, el 86 por ciento de las importaciones combinadas estadounidenses con estos países ya están libres de impuestos aduaneros.

En el análisis "seguimiento de capital", tiene que haber algún tipo de motivación de parte de Ecuador y los demás países andinos para negociar las diferencias restantes que puedan tener con los Estados Unidos en general, y el Ministerio de Agricultura, en particular en lo que respecta al libre comercio.

TRATADO DE LIBRE COMERCIO EN LAS AMÉRICAS

Resulta que gran parte de la motivación para la formalización de estos acuerdos de libre comercio tienen que ver con la necesidad de establecerse como "primer movimiento" en el comercio internacional con los Estados Unidos.

Se han hecho esfuerzos posteriores para la negociación del potencial tratado de libre comercio con Ecuador. Los países de América del Sur de la región Andina al momento gozan de la libertad de impuestos aduaneros para la mayoría de sus exportaciones a los EE.UU. en virtud a la extensión de la Ley de Preferencias Arancelarias Andinas (*ATPA Ondean Trade Preference Act*) formalizado a principios del milenio (Kornis, 2004).

Antes de su vencimiento, sin embargo, Colombia y Estados Unidos formalizaron un tratado comercial mutuo en febrero del 2006 después de 2 años de intensas negociaciones.

El impulso para el acuerdo bilateral con Colombia por la exclusión de los países andinos se debe en parte a la incapacidad de las partes involucradas para resolver el resto de sus diferendos y no está claro si serán capaces de hacerlo en el futuro previsible.

La naturaleza política de estas negociaciones supera claramente las ventajas económicas de su entorno que podrían lograrse mediante la expansión del libre comercio. Fandl (2007), llega a la conclusión, de que los nuevos acontecimientos políticos en Bolivia y Ecuador apuntan a al dudoso logro de concretar acuerdos con aquellos países.

Mientras que Colombia logró concretar un acuerdo de libre comercio con los Estados Unidos, los obstáculos restantes para avanzar con sus homólogos andinos en general y en lo que respecta a Ecuador, en particular, tiene que ver con temas agrícolas.

Chauvin (2004) informa al respecto: "Los países de la Ley de Preferencias Arancelarias Andinas (ATPA *Andean Trade Preference Act*), que son mercados importantes para los cereales y algodón estadounidense, y al mismo tiempo con una delicadeza acerca de la entrada de sus mercados a los cultivos agrarios por intermedio de los Estados Unidos. Cristiano

ECUADOR Y LOS ESTADOS UNIDOS TLC

Espinosa, principal negociador de Ecuador, de acuerdo a los informes, había dicho: "Los países andinos no cederán terreno en el frente agrario. Protegeremos nuestros mecanismos para neutralizar los efectos de los subsidios estadounidenses".

En la actualidad, de acuerdo con el método de la Comunidad Andina conocida como "banda de precios", los aranceles de una cantidad variable de hasta el 100 por ciento están autorizados para la aplicación a diversos productos agrícolas que se importan a los países andinos con el fin de estabilizar los precios en el caso de que caigan por debajo de los niveles predeterminados (Chauvin, 2004).

En algunos casos, la Ley de Preferencias Arancelarias Andinas se ha utilizado para el avance de otros objetivos estadounidenses para reducir el tráfico ilícito de drogas entre los países andinos y los Estados Unidos. Según Baker (2000), el *ATPA* promueve el desarrollo económico en Bolivia, Colombia, Ecuador y Perú. Fue establecido bajo la administración de George H. W. Bush de 1989 a 1993.

Su principal objetivo era proporcionar a estos países con una alternativa a la producción de coca, dándoles un mayor acceso al mercado estadounidense.

Estados Unidos ha utilizado enfoques similares en Colombia, por ejemplo, en su esfuerzo para proveer a los agricultores colombianos de una alternativa viable a los cultivos de coca. Con este fin, Burns informa, "Desde el comienzo del 2000, Estados Unidos se ha manifestado con varias mejoras de apoyo a más de 81 mil pequeñas empresas agrícolas, dando como resultado la producción de más de 100 mil hectáreas de nuevos cultivos y más de mil obras de infraestructura a menor escala, como las escuelas, caminos y puentes que se han completado en las comunidades que participan en el programa".

Para los Estados Unidos, estas cuestiones son más importantes en el ámbito político que en el económico. Por ejemplo, el comercio de Estados Unidos con las naciones del *ATPA* continúa de manera modesta, e incluso combinada.

En el 2003, todos los países del *ATPA* contabilizaron únicamente el 1 por ciento de las transferencias totales de

TRATADO DE LIBRE COMERCIO EN LAS AMÉRICAS

Estados Unidos y mucho menos del 1 por ciento del total de las importaciones estadounidenses.

A pesar de los porcentajes relativamente modestos, sin embargo, los países andinos del *ATPA* fueron responsables de proporcionar una serie de productos estratégicamente valiosos, incluyendo el cobre, así como artículos de altas ganancias como los espárragos y las flores (Kornis, 2004).

Por otra parte, los Estados Unidos han experimentado una escasez colectiva en su comercio con los países del *ATPA* desde 1991.

Por el contrario, los niveles de exportación de los Estados Unidos a los países del *ATPA* no han aumentado sustancialmente desde 1999, momento en el que se habían reducido totalmente al 28 por ciento en comparación a su valor en 1998.

Por otra parte, una verdadera "tormenta perfecta" de las condiciones económicas adversas ha obstaculizado la capacidad y el deseo de los países del *ATPA* a importar productos de los Estados Unidos.

Gran parte del comercio de exportación de *ATPA* con los Estados Unidos está vinculado al petróleo y el gas natural (33 por ciento); además, la mayor parte de la maquinaria y equipo que importan las naciones de *ATPA* de los Estados Unidos se utilizan en la industria del petróleo y el gas natural. En este tipo de industria, está claro que los EE.UU. gozan de una ventaja competitiva sobre los países exportadores de petróleo, ya que carecen de las instalaciones de refinería necesarias para incrementar su valor. Por ejemplo, Kornis informa, "Los principales productos de exportación de Estados Unidos a la región son petróleo refinado, aceites combustibles y aceites lubricantes".

En este entorno, es fácil ver cómo se pueden pasar por alto los intereses del agricultor ecuatoriano a nivel promedio. En un mundo que demanda cada vez más energía, incluso las flores más espectaculares y sabrosos espárragos, dos importantes exportaciones ecuatorianas, las cuales no tienen punto de comparación con el petróleo y el gas que Ecuador tiene para ofrecer.

ECUADOR Y LOS ESTADOS UNIDOS TLC

Las tendencias actuales indican que estos patrones continuarán en el futuro previsible, ya que la búsqueda de combustibles alternativos viables continúa. A menos y hasta que se logre dicho objetivo, el comercio de Estados Unidos con las naciones de *ATPA* probablemente continuará caracterizándose por el uso estratégico de una política efectiva de negociaciones y los acuerdos unilaterales con los países andinos dependiendo del desarrollo de la situación política en dichos países.

Aunque no sería conveniente sugerir que el Departamento de Estado de los Estados Unidos estaría conspirando con el Ministerio de Agricultura de Ecuador para evitar el desarrollo de su homologo del sur, es razonable sugerir que los Estados Unidos sigue utilizando el análisis de costo-beneficial para determinar la mejor alternativa para proceder con la resistencia económica de Ecuador.

En algunos casos, esto puede ser interpretado como las tarifas precedentes de generación de ingresos las cuales podrían reducir la disponibilidad y afectar negativamente a los estándares de precios internacionales, temas que claramente beneficiaron al Ecuador.

Por otra parte, Ecuador dispone de ventajas significativas en su relación existente con los EE.UU. a medida que tal vez no quiere estar atado a un marco más rígido que impedía las ventajas unilaterales en la negociación con los Estados Unidos.

De hecho, Kornis añade: "El nuevo estatus libre de impuestos de petróleo y ramificaciones de las naciones de *ATPA* bajo *ATPDEA* también fue responsable de la mayor parte de la reducción de la tasa impuesta a las importaciones de Estados Unidos y los ingresos de impuestos de Estados Unidos de las naciones de *ATPA*".

Estos resultados no son del todo sorprendentes, sin embargo, ya que el *ATPA* no necesariamente está diseñado para ser un mecanismo de generación de ingresos para los Estados Unidos, sino más bien un marco en el que los objetivos políticos se pueden lograr a través de diversos programas de incentivos. El *ATPA* también se diferencia de otros acuerdos comerciales de Estados Unidos debido a que uno de sus principales objetivos es reducir el comercio ilícito al menos del tráfico de drogas, entre las naciones de la *ATPA* y los Estados Unidos.

La ubicuidad de las drogas ilícitas en estos países representa una amenaza continua que afecta a la seguridad general de la gran nación del norte, Sheppard mantiene y sugiere que esta sea una actividad de valor agregado que Estados Unidos podría prescindir.

Como ya se ha señalado, desde 1991, la mayor parte de las mercancías exportadas desde Ecuador entran a los Estados Unidos libres de derechos de aduana en virtud de la Ley de Preferencias Arancelarias Andinas. Como también se señaló, el *ATPA* ha sido utilizado por los Estados Unidos en su guerra global contra el terrorismo y las drogas de diversas maneras con resultados mixtos en los países participantes.

Al mismo tiempo, los Estados Unidos no ha recibido ningún tratamiento preferencial para sus mercancías importadas a las naciones de la *ATPA*; Estados Unidos hace recibir otra recompensa en términos de estrategia internacional y la necesidad de establecer un acuerdo hegemónico con estos países.

El valor estratégico de los productos derivados del petróleo y gas natural que van hacia los Estados Unidos y las relaciones bilaterales con estos países son, por lo tanto, probablemente mucho más importantes que su impacto económico, pero estos niveles van en aumento. Algún indicio de estos resultados se puede discernir por la actividad comercial reciente.

Actualmente, las exportaciones de Ecuador totalizaron $22.29 billones en el 2011, un aumento de
$17.49 billones en el 2010. Las principales exportaciones del país son el petróleo, el banano, flores cortadas, camarones, cacao, café, madera y pescado (Economía del Ecuador, 2012), con sus principales socios de productos de exportación comercial como los Estados Unidos, Panamá, Perú, Venezuela, Chile y Rusia, como se muestra en la Tabla 2.1.

ECUADOR Y LOS ESTADOS UNIDOS TLC

Tabla 2.1: Principales Socios de Exportación del Ecuador

País	2009 % de Exportaciones
Estados Unidos	38.3%
Panamá	10.1%
Perú	6.3%
Venezuela	5.3%
Chile	5%
Rusia	4.6%

Fuente: Datos tabulares, Economía del Ecuador, 2012

En la actualidad, las importaciones de Ecuador incluyen materiales industriales, combustibles y lubricantes, bienes de consumo no durables y totalizaron $23.58 billones en el 2011, un aumento considerable con respecto a sus niveles del 2010 de $19.3 billones. Los principales socios de importación de Ecuador son Estados Unidos, China, Colombia, Panamá, Perú, Brasil y Corea del Sur como se establece en la Tabla 2.2.

Tabla 2.2: Principales Socios de Importación del Ecuador

Country	2009 % de Importaciones
Estados Unidos	27.9%
China	10.3%
Colombia	9.2%
Panamá	4.6%
Perú	4.6%
Brasil	4.3%
Corea del Sur	4.1%

Fuente: Datos tabulares, Economía del Ecuador, 2012

Como se ha señalado en el capítulo de introducción, sin embargo, el aumento del comercio con los EE.UU. no se ha traducido necesariamente en una amplia aceptación de los acuerdos de libre comercio por el pueblo ecuatoriano. De hecho, este tema fue el centro de una serie de protestas que se produjeron en Ecuador, en respuesta a los intentos del gobierno para forjar un acuerdo ALCA con Estados Unidos en el 2006.

De hecho, la protesta social que surgió en respuesta a la lucha del Ecuador para forjar un acuerdo comercial sin restricciones con los Estados Unidos dio a conocer que muchos indígenas creen que el esfuerzo fue un intento de extender la hegemonía estadounidense en su país aún más.

Parecería que las preocupaciones del gobierno de Estados Unidos relacionadas con las drogas no logran tomar en cuenta estos problemas locales y regionales con una visión etnocéntrica. Está claro que el tema general que proviene de la literatura relevante es una preocupación de alto nivel para las amenazas a la seguridad nacional de conformidad a la Ley de Seguridad Nacional que prevaleció sobre todo lo demás.

Los países andinos representan una situación única; sin embargo, todavía hay una orientación general hacia la codificación del Tratado de Libre Comercio de las Américas y este objetivo probablemente continuará siendo el centro principal de las relaciones y convenios Estados Unidos-América Latina en el futuro (Gillgannon, 2004).

Sin embargo, hay algunos indicios de que hay mucho más involucrado en estas negociaciones en curso que muchos estadounidenses se dan cuenta, o les importa, pero que todavía tienen un efecto potencial del comercio entre los EE.UU. y Ecuador basado en cuestiones primordiales que involucran la seguridad nacional.

Tal vez no es tanto una cuestión de la opinión pública estadounidense al no preocuparse por estas cuestiones. Puede que más bien sea un indicio de cuán potencialmente cuestiones de seguridad nacional de Estados Unidos son actualmente disruptivas y muy probablemente en el futuro con respecto al comercio con los países de América del Sur de la región andina en general y Ecuador en particular.

Por un lado, Gillgannon sugiere que el público estadounidense no puede estar en conocimiento debido a la falta de información sobre estos temas: "Como de costumbre,

ECUADOR Y LOS ESTADOS UNIDOS TLC

la prensa escrita y la televisión estadounidense se han desempeñado con una pobre campaña informativa de estas negociaciones comerciales y el público estadounidense permanece desinformado y apático".

Aunque, el postula una justificación potencial en apoyo de esta escasez de cobertura oportuna acerca de las negociaciones comerciales entre Estados Unidos y Ecuador. Estas razones anteriores, sin embargo, no toman en cuenta los beneficios de la seguridad nacional que están establecidos de conformidad con la Ley de Seguridad Nacional.

En realidad, los intereses de seguridad nacional de Estados Unidos que están involucrados en el Ecuador son ampliamente percibidos como los esfuerzos para extender la hegemonía estadounidense en la región centroamericana aún más y la imagen del estadounidense se está generalizando una vez más. En este sentido, Gillgannon añade, "los sudamericanos temen a los convenios comerciales con Asia y la Unión Europea para contrarrestar las presiones en favor de la supremacía del comercio y el control de su autonomía nacional por parte de los Estados Unidos".

Aunque estas negociaciones han sido el punto central y el tema a las disposiciones de la Ley de Seguridad Nacional. Algún indicio de cómo se han percibido estos esfuerzos en Ecuador se puede destacar de la observación de Gillgannon, "el Ministro de Defensa Donald Rumsfeld se reunió con sus homólogos del Hemisferio Occidental en Quito, Ecuador, en busca de la solidaridad hemisférica para la guerra de Estados Unidos contra el terrorismo".

Por otra parte, hay algunos indicios de que los EE.UU. no sólo están dispuestos a maniobrar militarmente si es necesario, está francamente ansioso por hacerlo, en un esfuerzo para encausar su guerra global contra el terrorismo en su propio hemisferio. Estas recomendaciones no parecen ser tan benignas, sin embargo, cuando se toma en cuenta al secretario de Defensa, los otros comentarios son importantes.

Estas consideraciones son importantes al evaluar el futuro de las relaciones comerciales entre Estados Unidos y Ecuador. Es razonable sugerir que si las cosas se perciben como haberse pasado de la mano en cualquier región del Hemisferio Occidental, EE.UU. esta listo para intervenir amparado en la Doctrina Monroe de larga trayectoria y de las disposiciones más recientes de la Ley de Seguridad Nacional.

Para muchos estadounidenses, estas temáticas son simplemente desconocidas debido a la escasez de los informes de los medios de comunicación de Estados Unidos, y es razonable sugerir que algunos estadounidenses simplemente no saben ni les importa lo suficiente acerca de estas cuestiones que tienen un impacto en las futuras negociaciones entre estos dos países.

Como Gillgannon señala, "No hemos descifrado las señales de los tiempos. Alabamos a las abstracciones de la justicia y la paz, pero no hacemos el trabajo sucio en los complicados detalles de los nuevos temas mundiales de intercambio y comercio".

Claramente, estos son temas preocupantes en un supuesta América Latina post-colonial, pero está claro que en el siglo 21 cuando los ingresos anuales de muchas corporaciones multinacionales, las cuales superan el presupuesto de todos los países centroamericanos, la manera en que el gobierno ecuatoriano responde a estas cuestiones probablemente determinará qué curso de acción será necesario para reprimir la disidencia social y hasta qué medida la fuerza militar será necesaria para lograr ese objetivo.

La reciente condena a Siria por el nuevo presidente de Egipto deja en claro que las cosas están cambiando en el Medio Oriente, y una reacción árabe similar a un efecto domino podría ocurrir en la esfera de influencia de Estados Unidos. Hasta la fecha, los informes de Ecuador suenan más como algo de Oriente Medio que la esfera de influencia de los Estados Unidos.

La voluntad del Gobierno ecuatoriano para emplear la fuerza militar también se puso de manifiesto durante estas manifestaciones. No sólo el gobierno respondió con la fuerza militar, suspendió los derechos constitucionales del país e implementó la ley marcial virtual con amplios poderes de arresto, una medida muy inti-popular.

ECUADOR Y LOS ESTADOS UNIDOS TLC

En este medio ambiente, el comercio entre los EE.UU. y Ecuador puede pasar a segundo plano para tratar de resistir la influencia estadounidense en la región mientras se busca al mismo tiempo la mejora de las futuras relaciones comerciales.

El hecho de que los ecuatorianos estén saliendo a las calles tomando gran riesgo personal y protestar contra el llamado "libre comercio" que significaría más ganancias sugiere que nada es realmente "gratis" cuando se trata de lidiar con los Estados Unidos y la Ley de Seguridad Nacional, de acuerdo a Clark (2012).

Cuando los miembros de la comunidad ecuatoriana tienen encuentros con el sistema legal, deben lidiar no sólo con las oficinas judiciales y los procedimientos legales, pero con los contradictorios valores indígenas.

También, cuando bloquean carreteras como parte de un levantamiento nacional contra un acuerdo de libre comercio, deben negociar internamente, como miembros de la comunidad también pueden sufrir de un paro cívico, así como con los actores regionales y nacionales, tanto dentro y fuera del estado. Estos acontecimientos sugieren que las negociaciones entre los EE.UU. y Ecuador pueden requerir de más tiempo e involucrar más compensaciones que muchos observadores pudieran creer.

Washington, DC., Estados Unidos

Fuente: Wikipedia Turismo, 2015

CAPÍTULO 3

ANÁLISIS DE POSIBLES ACUERDOS COMERCIALES

En este estudio se utilizó un esquema combinado de revisión que emplea elementos cualitativos y cuantitativos. El componente cualitativo consistió en una evaluación de la literatura con jurado y nivel académico significativo en relación al Acuerdo de Libre Comercio de las Américas y sus implicaciones para el Ecuador, sus vecinos de América Central y los Estados Unidos, concentrándose en los recursos disponibles más recientes.

Este elemento cualitativo es coherente con la orientación proporcionada por un gran número de investigadores sociales que hacen hincapié en la necesidad de revisar la literatura existente para determinar lo que se conoce acerca de un tema, así como las brechas que existen (Silverman, 2005).

El uso de ambos componentes cualitativos y cuantitativos es coherente con la orientación proporcionada por Neuman (2003). Él aconseja: "Tanto la investigación cualitativa como cuantitativa utilizan varias técnicas específicas de investigación (por ejemplo, encuesta, entrevista y análisis histórico), sin embargo, hay mucha coincidencia entre el tipo de datos y el estilo de la investigación. La mayoría de los investigadores del estilo cuantitativo examinan los datos cualitativos y viceversa".

Similitudes-Diferencias, Análisis Cuantitativo-Cualitativo de Ecuador

Similitudes

El análisis de estos comprende la inferencia – quiere decir que ambos lleguen a una decisión basada en la prueba.
Ambos implican un proceso sistemático.
Ambos implican la comparación, ya sea internamente o con la evidencia relacionada de otros lugares.
Ambos tratan de evitar errores, falsas conclusiones e inferencias engañosas y buscar una descripción y explicaciones válidas.

Diferencias

El análisis cuantitativo es altamente estandarizado con poca diferencia entre los proyectos; sin embargo, el análisis cualitativo tiene muchas maneras de abordar los temas posibles.
El análisis cuantitativo se lleva a cabo al final de los datos; el análisis cualitativo se lleva a cabo durante la recolección de datos.
El análisis cuantitativo tiende a poner a prueba las hipótesis a través de la manipulación de números que representan hechos.
El análisis cualitativo es menos abstracto y no asume que la vida real se puede medir numéricamente.

Prominencia

Desde la perspectiva cualitativa, el hecho de que la Oficina del Representante Comercial de Estados Unidos haya deshabilitado los enlaces de los documentos pertinentes a las negociaciones estadounidenses y ecuatorianas es digno de mención, ya que refleja cuestiones de seguridad internacional las cuales están involucradas (por ejemplo, la Ley de Seguridad Nacional).

Los niveles históricos de los aranceles como evidencia son palpables, sin embargo, estos temas pueden ser sintetizados bajo la teoría del equilibrio general.

Se procederá con la investigación en varios niveles.

Por motivo de falta de documentos del Gobierno de Estados Unidos relacionadas con las negociaciones en curso con los funcionarios del comercio ecuatoriano, es razonable sugerir que la situación continúa dinámica y sujeta a anular y clasificar lo concerniente a la seguridad.

El concepto de equilibrio define un sistema completo en el que todas las piezas se comportan de manera predecible. Por lo tanto, la teoría del equilibrio general es un sistema con muchas de las características de los sistemas físicos y, por lo tanto, pueden ser examinados con muchas de las mismas herramientas de investigación utilizadas por intermedio de sistemas físicos. Además, ofrece el poder de predicción, el objetivo final de la investigación científica (Kirchhoff, 1999).

Hay varias similitudes muy claras entre los métodos cualitativos y cuantitativos que pueden contribuir de manera sustantiva a los procesos de investigación, si se tienen en cuenta sus diferencias.

De hecho, de acuerdo a Jenson (2004), "Es a nivel de metodología, que se define como un plan teóricamente informado de acción en relación al campo empírico, que la distinción entre la investigación cualitativa y cuantitativa es más evidente".

Un estudio tanto cuantitativo como cualitativo puede emplear los mismos métodos, y ambos comparten el objetivo común de desarrollar un mapa preciso de los conceptos fundamentales a los fenómenos empíricos. En otras palabras, "Es la unión específica de una selección empírica necesaria del 'microcosmos' con una teoría del 'macrocosmos' que distingue sobre todo a la investigación cuantitativa y cualitativa como tradiciones y paradigmas" (Jenson, 2004).

El componente cuantitativo consistió en un análisis de los posibles resultados de diferentes oportunidades, con el

ANÁLISIS DE POSIBLES ACUERDOS COMERCIALES

acuerdo de libre comercio y sin acuerdo de libre comercio con un modelo aplicado de equilibrio general, que incluye datos de los agentes económicos relacionados con el TLC en América Central y del Sur, así como de Estados Unidos y la Unión Europea.

Además, este análisis tiene en cuenta las interdependencias entre estos socios comerciales, así como los efectos directos e indirectos que un acuerdo con grandes y profundas repercusiones, como el TLC, traería sobre la economía ecuatoriana en términos del efecto del aumento del comercio en la economía nacional de hoy, así como en el futuro a medida que se crean nuevos puestos de trabajo y se establecen proyectos empresariales sostenibles.

En un mundo perfecto, el aumento del comercio entre Estados Unidos y Ecuador tendría un resultado positivo, pero las exigencias del tráfico de drogas que fluye a los EE.UU. de los países andinos implica que los EE.UU. están dispuestos a asumir una pérdida económica cada vez al favorecer el proceso de la guerra global contra el terrorismo, de la cual el tráfico de drogas representa un componente importante.

En consecuencia, el Gobierno de Ecuador puede aceptar las ofertas de Estados Unidos, sean las que sean en la actualidad, o no comprometerse a las mismas, pero los EE.UU. probablemente continuarán ejerciendo una gran influencia en el área de manera que no son cuantificables.

La CIA (*Central Intelligence Agency*) es la Agencia Central de Inteligencia estadounidense con un largo historial de operaciones clandestinas en los países andinos, y es razonable sugerir que permanecen vigentes en la actualidad.

El pueblo ecuatoriano, sin embargo, no está sentado sin hacer nada mientras estas presiones están ejecutándose en su contra, y nuevamente, el hecho de que están dispuestos a correr el riesgo de ser arrestados, heridos e incluso la muerte para protestar estas acciones se basa en el reconocimiento generalizado de que el aumento del comercio, de hecho, será beneficioso para su país.

Por ejemplo, aunque el comercio entre los Estados Unidos y los países de América Latina disminuyó tras el final de la Segunda Guerra Mundial durante la década de 1980, mientras que por la década de 1990 se experimentó un crecimiento impresionante en el comercio internacional en esta región.

Según Hirst (2004), la tasa de comercio de Estados Unidos con los países de América Latina aumentó significativamente más rápido que el crecimiento concomitante de los Estados Unidos en el comercio mundial: "América Latina se había convertido en el mercado de mayor crecimiento para las exportaciones estadounidenses. Los Estados Unidos, por fin, se dieron cuenta de Latinoamérica. El comercio entre algunos países de América Latina entraron en auge, sobre todo dentro de las subregiones como el Cono Sur de Sudamérica, Venezuela y Colombia, los países de América Central".

El impacto de este aumento del comercio con los EE.UU. se manifiesta de varias maneras, incluyendo una serie de acuerdos de libre comercio de la región que siguen vigentes hoy en día. Por ejemplo, Hirst informa, "El establecimiento de zonas libres de comercio formales facilitó el crecimiento del comercio y otras relaciones económicas".

Estos acuerdos de libre comercio fueron los siguientes:

1. Tratado de Libre Comercio de Norteamérica (TLCAN): este acuerdo incluye México, Estados Unidos y Canadá.
2. El Mercado Común del Cono Sur (más bien y comúnmente conocido como MERCOSUR): este acuerdo es entre Argentina, Brasil, Paraguay y Uruguay.
3. La Comunidad Andina, sus miembros son Bolivia, Colombia, Ecuador, Perú y Venezuela.
4. El Mercado Común Centroamericano (MCCA).
5. La Comunidad del Caribe (CARICOM).

El efecto colectivo de estos acuerdos de libre comercio se ha pronunciado y todos estos países, con la única excepción

ANÁLISIS DE POSIBLES ACUERDOS COMERCIALES

de Ecuador, han finalizado sus negociaciones con los Estados Unidos con respecto a los tratados de libre comercio vigentes.

El estancamiento que existe hoy en día debe ser visualizado con estos acontecimientos en mente, ya que tienen el poder de compensar cualquier ganancia potencial que puede ser ejecutado por cualquier socio comercial en el futuro.

A pesar de que Estados Unidos sigue siendo el mayor socio de importación y exportación de Ecuador, el estado sudamericano tiene mucho más en juego económicamente.

En este sentido, Hirst enfatiza, "La inversión extranjera directa y de cartera de EE.UU. en grandes cantidades fluyó hacia América Latina y el Caribe, financiando la expansión de las actividades económicas. La velocidad de las transacciones de inversión de cartera, sin embargo, también expuso a estos y otros países a la volatilidad financiera marcada y pánicos financieros recurrentes".

De particular interés es la observación de Hirst, que independientemente del resultado de estas eventualidades para Ecuador, el escenario se había fijado para lo que vendría después del 11 de septiembre del 2001.

Según Hirst, "La transformación en las relaciones económicas internacionales del hemisferio y específicamente en las relaciones económicas de los Estados Unidos con el resto del hemisferio ya era más difícil a principios del siglo XXI".

El acuerdo de la Ley de Preferencias Arancelarias Andinas, ATPA (*Andean Trade Preference Act*), se inició en diciembre de 1991 entre los Estados Unidos y cuatro países andinos, Bolivia, Colombia, Ecuador y Perú con el objetivo de apoyar a estos países andinos en su lucha contra la producción y tráfico de drogas mediante la ampliación de sus alternativas económicas (Relyea, 2011).

La Ley de Preferencias Arancelarias Andinas y Erradicación de la Droga, ATPDEA (*Andean Trade Promotion and Drug Eradication Act*), ofrece garantías libres de aranceles para ciertos productos excluidos anteriormente del ATPA. Los posibles escenarios en los que Ecuador no firma el TLC, pero Colombia y Perú acuerdan hacerlo y, alternativamente,

Colombia y Perú permiten a los EE.UU. libre acceso a sus mercados.

Las organizaciones que entran en el mercado global tienen varias estrategias a su disposición: la exportación, licencias, empresas conjuntas, propiedad directa, importadores, y compensación. Como los sistemas de logística, los cuales mejoraron el consumo y la producción, lo que dio lugar a la separación geográfica.

Escenarios Posibles del Tratado de Libre Comercio Ecuatoriano

Primer Escenario

Colombia y Perú permiten a los EE.UU. libre acceso a sus mercados.

Implicaciones Potenciales

A cambio de este acceso gratuito, dichos países reciben preferencias del ATPDEA. Ecuador pierde tratamiento preferencial arancelario del ATPDEA y se le imponen las mismas tarifas que a Venezuela de parte de los EE.UU. En otras palabras, al Ecuador se le impone tarifas más elevadas por los EE.UU., al mismo precio de las tarifas de Venezuela por intermedio de los EE.UU.

Medidas a Examinarse

1. Proyección de los niveles de exportación de Estados Unidos a Colombia, Perú y Ecuador bajo este escenario.
2. El nivel de los nuevos aranceles para Ecuador en línea con los de Venezuela.
3. El impacto de tasas arancelarias más elevadas para Ecuador.

Segundo Escenario

Colombia y Perú permiten a los EE.UU. libre acceso a sus

ANÁLISIS DE POSIBLES ACUERDOS COMERCIALES

mercados.

Implicaciones Potenciales

A cambio de este acceso gratuito, estos dos países andinos aseguran mejores preferencias del ATPDEA, y los EE.UU. eliminan los subsidios en la producción de bienes agrícolas. Ecuador renuncia a la tarifa de trato preferencial de la ATPDEA y el país está obligado a pagar aranceles iguales a los impuestos a Venezuela por los EE. UU.

Medidas a Examinarse

1. Proyección de los niveles de exportación de Estados Unidos a Colombia, Perú y Ecuador bajo este escenario.
2. El nivel de nuevos niveles arancelarios para Ecuador en línea con la de Venezuela.
3. El impacto de trato preferencial a Colombia y Perú bajo el ATPDEA.

Lógica de Apoyo al Esquema de Investigación

Según Ackerman, Nadal, Benniti, Gallagher y Salas (2004), "El nivel de sofisticación metódica que está implicada en la predicción de los efectos económicos potenciales de un acuerdo comercial depende de la escala de actividad económica entre los socios comerciales propuestos".

La teoría del equilibrio general ofrece un marco útil para desarrollar lo anterior de manera diferente y que pasaría de acuerdo a escenarios basados en la tendencia de los sistemas económicos que buscan el equilibrio.

Por ejemplo, según Kirchhoff (1999), "Fundamentalmente, la economía neoclásica propone que una economía de Mercado que toma la forma del equilibrio entre la oferta y la demanda. El mecanismo equilibrador es el precio. Aunque el mercado no siempre puede estar en equilibrio, la tendencia del sistema económico es moverse hacia el equilibrio".

Morrison (1999) advierte que, "En la teoría neoclásica del equilibrio general, se supone que un subastador ajusta los precios a fin de lograr la igualdad entre la oferta y la demanda de forma simultánea en todos los mercados".

La teoría del equilibrio general del comercio internacional, obviamente, se refiere a la interacción de varios mercados; en consecuencia, la extensión de la teoría del equilibrio general de la economía nacional se puede diferenciar entre las teorías del comercio nacional e internacional (Marsh, 1991).

Por lo tanto, la teoría del equilibrio general ofrece un marco útil que permite evaluar los elementos cuantificables en cada uno de los escenarios descritos anteriormente, utilizando las técnicas de recolección de datos y la base de datos del estudio que se describe a continuación.

Técnicas de Recolección de Datos y Base de Datos del Estudio

Basado en el marco de lo establecido, las medidas cuantitativas correspondientes a los dos escenarios diferentes fueron examinadas utilizando los archivos de los datos de rendimiento económico publicados por los gobiernos de los Estados Unidos y Ecuador, así como por analistas comerciales a nivel internacional y las pertinentes organizaciones no gubernamentales.

Los datos cualitativos consisten de recursos revisados por expertos y académicos publicados en los últimos 10 años que se obtuvieron de las bibliotecas públicas y universitarias, así como recursos confiables de investigación en el Internet.

Además, también se consultó a los recursos de organizacionales gubernamentales y no gubernamentales para desarrollar los diferentes escenarios utilizando los datos comerciales como punto de referencia para los países de interés.

Los datos cualitativos y cuantitativos se sintetizaron utilizando el "proceso de traducción recíproca" en el que cada

ANÁLISIS DE POSIBLES ACUERDOS COMERCIALES

estudio y con la ayuda de recursos fomentaron al análisis posterior.

Limitaciones del Esquema de Investigación

A pesar de su capacidad para modelar los mercados económicos, la teoría del equilibrio general no deja de tener sus detractores. Como Marsh señala, "La teoría del comercio internacional ya no es idéntica en contenido con la teoría del equilibrio general. Alguna vez, por cierto, la teoría del comercio internacional era la única teoría del equilibrio general, y se diferenciaba por esta y otras razones de la teoría de equilibrio parcial que los economistas de ese día aplicaban al mercado interno".

Las complejidades involucradas en el análisis del comercio internacional son aún más relevantes en el siglo XXI por el mercado cada vez más globalizado que está tomando forma. En este sentido, Marsh señala que, "Debido a que era una teoría del equilibrio general, la teoría del comercio internacional, incluso en una fase muy temprana, contiene muchas ideas de gran importancia para todo el ámbito del análisis económico, que fueron explotadas más tarde en la teoría del comercio interno".

Una de las limitaciones fundamentales involucradas en la aplicación de la teoría del equilibrio general de la situación con respecto a las negociaciones del acuerdo de libre comercio entre Estados Unidos y Ecuador es la calidad de las variables que se utilizan para evaluar su impacto en cada uno de los estados miembros.

Como Marsh manifiesta, "Las teorías de la actualidad vs. las del equilibrio general parcial han perdido su asociación (en parte accidentalmente) con las nacionales frente al comercio internacional. La teoría del equilibrio general se aplica al mercado interno, así como, la llamada teoría del equilibrio general del comercio internacional es un intento de analizar el comercio internacional, donde cada una de las naciones comerciales son en sí mismas una economía multimercantilista".

ECUADOR Y LOS ESTADOS UNIDOS TLC

Otras autoridades sugieren que la teoría del equilibrio general no es simplemente lo suficientemente robusta como para capturar todas las duras realidades de hacer negocios en el mundo real. Por ejemplo, Kirchhoff (1999) reporta, "Los economistas se dan cuenta que las suposiciones de la teoría del equilibrio general son incompatibles con las tomadas de la realidad. Los micro economistas rechazan la aceptación de mercados perfectos, donde muchos compradores y vendedores se reúnen para intercambiar bienes y servicios".

Este tipo de ejemplos de los mercados no suelen encontrarse en cualquier lugar excepto en pocas situaciones aisladas donde hay productos estandarizados que son relativamente insignificantes para toda la economía (Kirchhoff, 1999).

Además, hay otros métodos más sencillos disponibles para cuantificar los resultados en los dos escenarios descritos. Mientras que un equilibrio general en el período relevante es una condición suficiente para mantener los mismos precios, y no es siempre necesario.

Es mucho más fácil simplemente asumir que los precios se fijan en un período necesario para calcular cualquier cantidad agregada como el ingreso nacional o PIB (Producto Interno Bruto).

Guayaquil, Ecuador

Fuente: Wikipedia Turismo, 2015

CAPÍTULO 4

RESULTADOS Y DISCUSIÓN COMERCIAL

Este capítulo dará una descripción de todos los resultados de este estudio, el cual incluye las siguientes secciones: (a) el modelo; (b) resultados del análisis exploratorio de datos; (c) modelo de resultados ordenados, (d) estimación y resultados de la combinación del modelo basado en el grupo.

El Modelo

El diseño se considera que es una herramienta habitual que es funcional para el modelo de simetría general que ha seguido la costumbre de Whalley y Shoven (1986).

En estos modelos inmóviles de estabilidad funcional común, hay muchos agentes que están en Ecuador y Estados Unidos. En Ecuador, la mayoría reflejarían a los Estados Unidos, la Comunidad de Países Andinos, y otros lugares en el mundo.

A pesar de estas limitaciones, la teoría del equilibrio general es una herramienta útil para seguir al dinero de maneras que pueden arrojar nuevos conocimientos sobre las prioridades de las respectivas partes a las negociaciones en curso entre Ecuador y Estados Unidos.

Para las determinaciones de notación, el investigador va a

RESULTADOS Y DISCUSIÓN COMERCIAL

cumplir por lo que se considera el conjunto de conexiones comerciales para cada mercado. El investigador dará a conocer las principales estructuras de los gestores de acuerdo al caso.

Datos y Calibración

Teniendo en cuenta las estadísticas a disponibilidad del investigador, que puede regular los parámetros del modelo por la sencilla razón por la cual, en equilibrio, los administradores oficiales del modelo imitan las mismas conexiones y adiciones en el mundo real de acuerdo con la Matriz de Contabilidad Social.

Una aclaración completa mediante el uso de los modelos prácticos de simetría general, y también los métodos para la calibración están representados en Kehoe (1996). Los límites también se pueden ajustar directamente con la MCS.

La adición comprende las normas de los límites consistentes en los mercados modelo asi como la Matriz de Contabilidad Comunal de la nación tanto de Ecuador como de los Estados Unidos. Con los límites que no son regulados abiertamente de las estadísticas, el investigador explica cómo asignar dichos estándares.

Ingresos de los Socios Comerciales: Los beneficios en lo que respecta a los socios comerciales en el estudio han sido obtenidos de las Estadísticas Monetarias Internacionales a disposición por la Cuenta Financiera Internacional.

Precios Arancelarios: Los precios de las importaciones de Ecuador y los Estados Unidos, los cuales son capaces de ejecutar el libre comercio de las importaciones que llegan a través de sus socios comerciales, que se eliminan indirectamente de las tablas de entrada y salida. En tal situación, las proporciones de precios son los cargos de costo favorables en lugar de los cargos mínimos.

El investigador a más de suponer que Ecuador impone un nivel cero de precio en cada introducción de un producto que se origina del público andino desde que Ecuador es un socio del bloque que considerada la negociación.

ECUADOR Y LOS ESTADOS UNIDOS TLC

Con el fin de determinar los cargos tarifarios que los socios de transacción están imponiendo tienen importaciones que vienen de los países de Ecuador y Estados Unidos. En este caso, se utilizan las publicaciones actuales de las evaluaciones de las políticas económicas de la Comunidad Mundial del Comercio.

Las tasas por los costos son posteriormente ejecutadas por los Estados Unidos y Ecuador, que se muestran en la tabla. Para regular los precios de las tarifas que son impuestas por otras partes del mundo, el investigador toma en cuenta dicha suposición para Ecuador.

Elasticidad de Sustitución: El estudio mostró que proporcionó la descripción estática del modelo, la elasticidad de sustitución de importaciones y exportaciones que no puede ser estandarizada directamente de las tablas de Entrada-Salida. Como alternativa, el investigador utiliza diversas formas de normas que son para estas limitaciones.

Resultados y Experimentos Estadísticos

Esta parte del estudio muestra los resultados que son de la "imitación de referencia". Para Ecuador la autorización de un acuerdo comercial con los EE.UU., el investigador examino el impacto de libertad de comercio bajo diferentes costos, toda la manufactura local, la capacidad comercial, y también un examen de bienestar. Entonces, el investigador estableció un ingreso como indicador social que utiliza cada índice de ingresos reales del comprador y el índice de ingresos reales de administración.

Esta diferencia equitativa puede evaluar la cantidad de ingresos que necesitaría el cliente para los honorarios de fundación para que pueda obtener la utilidad relacionada con la simulación.

A continuación, la imitación de referencia tomada como relación, el investigador realizó varios experimentos numéricos, dando como resultado las insinuaciones sobre los costos, producción, empleo y bienestar. En este caso, el investigador tomo en cuenta un estudio que se ha

RESULTADOS Y DISCUSIÓN COMERCIAL

denominado como liberalización "incompleta".

De hecho, liberalizaciones comerciales son las que ocurren en el lugar que tiene que ver con un cambio de época. Por ejemplo, los países que están involucrados comenzaron a centrarse en una agenda de prudencia ordenada de una época en la que poco a poco se reducen las tasas arancelarias.

Los impuestos a los precios de los bienes principales y manufacturados son consistentemente establecidos al 3% para Ecuador y el 2% para los Estados Unidos. Como resultado, el investigador documentó el impacto de este paso temporal de los honorarios, distribuciones y bienestar.

En segundo lugar, en la investigación estadística de referencia, se esperaba que la elasticidad de sustitución para cada exportación e importación sea similar en los diferentes sectores. El investigador examinó cómo los resultados de referencia se alteran cuando se trata de la elasticidad sectorial de las importaciones adoptadas por las estadísticas estimadas que se muestran en las tablas correspondientes.

En tercer lugar, el investigador ha llegado a la conclusión de que los ingresos arancelarios son una parte vital de los ingresos del gobierno en Ecuador. Esto parece ser preciso en las naciones en vías de desarrollo, donde la mayoría de los impuestos sirven como una medida de protección y la base de financiación del gobierno.

Precisamente, el investigador indagó acerca del impuesto al valor agregado (IVA) para compensar la pérdida de ingresos arancelarios a fin de mantener constante el estado de equilibrio.

En el siguiente experimento, el investigador observó que, al ingresar a Europa, Ecuador tendría que aceptar un arancel de aduanas que es más protector que el primero.

Según la Federación Nacional de Exportadores del Ecuador, un acuerdo comercial con la Unión Europea podría impulsar las exportaciones de por lo menos 300 millones de dólares en los próximos tres años.

ECUADOR Y LOS ESTADOS UNIDOS TLC

Experimentos Numéricos y Resultados

Esto es principalmente vital por motivo de las mercancías principales, que Ecuador trae sobre todo de las naciones que son más que nada externas a la Unión Europea.

A partir de entonces, el experimento da un vistazo al ejemplo teórico si Ecuador implementa un acuerdo de libre comercio con la Unión Europea, lo que implica que el país sudamericano comienza a retener su arancel aduanero, en realidad compromete a otras partes del mundo. Este estudio puede ofrecer un contraste muy valioso sobre los diversos tipos de libre comercio.

Por último, en esta experimentación numérica, el investigador logra un análisis de sensibilidad que se realizó con el fin de echar un vistazo a la relación que se encuentra entre las normas disímiles de la elasticidad del comercio de reemplazo. Además, el bienestar de la nación que se deriva del libre comercio.

En este caso, el investigador fue capaz de probar la hipótesis sostenida por Johnson (1954), que registra la conexión que se hay entre la elasticidad con respecto a la sustitución y la mejor tarifa.

Precios de Buen Consumo

La Tabla 4.4 muestra la variación porcentual en el costo del consumo de los productos después de que Estados Unidos y Ecuador habían decidido autorizar un contrato de libre comercio, tal como Eslovenia decidió unirse a Europa. En lo que respecta a Ecuador, el fracaso más grande del precio tuvo que ver con el transporte que afecto a segmentos por un límite del 1.55%. Todos los demás segmentos de importación (sustancias, cereales, textiles y otros productos) documentaron caídas en su costo. En este caso, para el Ecuador, la caída más relevante fue a nivel de costo. Esto había ocurrido con los productos relacionados al cuero, los alimentos y las industrias de bebidas. Todo se redujo aproximadamente al 1%.

Del mismo modo el área de transporte es la que muestra

RESULTADOS Y DISCUSIÓN COMERCIAL

un debilitamiento de precio del 0.80%. En cambio, los productos registran un aumento de precio del 0.44%. Esta escalada en la cantidad de productos principales podría ser el resultado de la alteración del comercio por conectar la Unión Europea con la cantidad de desviación de comercio que se muestra en la sección.

Para Ecuador, la mayoría de los sectores son de las industrias de importación y exportación. Esto podría implicar que todas esas influencias sectoriales son más difíciles de diferenciar para los Estados Unidos que para Ecuador.

Producción Doméstica

El cuadro 4.5 muestra la alteración porcentual que representa a toda la producción doméstica de Ecuador y Estados Unidos. Ecuador experimentó el mayor incremento en la fabricación nacional, que se llevó a cabo principalmente en el sector bananero, con un crecimiento del 16.03%. Otras áreas clave de exportación, como el camarón, petróleo, y las flores tienen mejoras positivas que son parte de la producción local. El cambio sectorial en la producción local de la liberalización comercial es evidente en el caso de Ecuador así como todos los segmentos concentrados en la exportación están sometidos a una producción que es más alta en gastos en comparación al resto de los segmentos económicos. Para los Estados Unidos, un importante receptor en términos de la construcción doméstica es la industria textil, donde la producción incrementa en un 35.41%, seguido de otros sectores con un aumento del 22.83%.

Conectando la fabricación de la más alta subdivisión de transferencia de parte de los dos países, los Estados Unidos resultan más beneficiado cuando surge la industria automotriz en más del 30%, y la subdivisión petrolera en Ecuador va por alrededor del 1%.

Subió de 24.62% a 32.59%, cuando se colocó en un nivel desagregado, la mayor parte de las exportaciones a los Estados Unidos habían subido en todas las áreas, con el mayor avance que se había mostrado en productos particulares, como el

ECUADOR Y LOS ESTADOS UNIDOS TLC

sector bananero que se manifestó con un crecimiento de alrededor del 76%.

Todas las cuatro áreas principales de exportación: petróleo, sectores floricultores, banano, y camarón muestran un aumento robusto de alrededor del 8% o más. La mayor parte de las exportaciones que se dirigen al resto del mundo van desde un 3%.

Las importaciones provenientes de los Estados Unidos en el segmento del transporte, que es el sector predominante, colocado en algún lugar alrededor del 87%. El estudio observó que los otros sectores principales de importación como por ejemplo los cereales, textiles y productos químicos muestran un aumento que es de alrededor del 30%.

Al igual que las exportaciones, incluso las importaciones que proceden de todas partes del mundo se redujeron en todos los segmentos principales de importación, a excepción de los textiles y otros sectores agrícolas que reflejan un pequeño aumento que fue de alrededor del 3% al 5%. En términos de una cantidad total, las importaciones procedentes del resto del mundo se han reducido en un 3%.

En cuanto al comercio de Estados Unidos con la Comunidad Europea, la totalidad de las importaciones y exportaciones de productos suben al 47.71% y 33.53%, de forma individual. Finalmente en cuanto a la disposición de los bienes de comercio, la parte de la exportación de los Estados Unidos a la Comunidad Europea todavía sube del 76.42% al 86.61%, a pesar de que la cuota de importación que proviene de la Unión Europea ha logrado incrementar del 69.49% al 78.13%.

A nivel sectorial, el mayor aumento en las exportaciones a la Unión Europea, se produce en el sector de interés de los bienes primarios, seguido de los alimentos, bebidas y sectores de materiales. Esto reproduce las altas barricadas comerciales, las cuales son establecidas por la Unión Europea en aquellos segmentos anteriores a los Estados Unidos que tomó la decisión de formar parte de la unión de las aduanas.

Las importaciones y exportaciones de equipos de transporte que fueron a la Unión Europea, que es la

RESULTADOS Y DISCUSIÓN COMERCIAL

subdivisión comercial de más alto nivel de Estados Unidos, sube alrededor del 65% y 30%, correspondientemente. Así mismo, la mayoría de las importaciones que se han derivado de la Unión Europea también han subido en el segmento de la nutrición y bebidas, seguido por el segmento del textil.

Las importaciones fueron las más afectadas, bajando en un 12%, mientras que la totalidad de las exportaciones a otras partes del mundo rebajaron aproximadamente al 4%. En el caso de Ecuador, el cambio del comercio es fácil de entender. En el caso de los Estados Unidos, se observa en particular en las importaciones.

Esto es relevante en un nivel desagregado para las importaciones que provienen del resto del mundo. La mercancía principal se redujo alrededor del 39% como resultado, si los Estados Unidos hubieran firmado un acuerdo con la Unión Europea.

Bienestar

Por último, el investigador pudo inspeccionar la influencia de la liberalización del comercio que no sucede en el bienestar nacional. Para Ecuador, el ingreso de valor de la administración se reduce en un 33% después de un acuerdo con los Estados Unidos. Esta pérdida de ingresos se refleja en el deterioro del bienestar de la administración, que bajó un 3%. Por otro lado, el aumento del bienestar del cliente es lo que proporciona un contrapeso a los daños al bienestar de la administración, y el bienestar social general muestra un aumento menor del 0.22%.

En los Estados Unidos, los ingresos tarifarios parecen aumentar alrededor del 6% cuando la nación comienza a adoptar la regla de la tarifa proteccionista en Europa. Esto explica la razón por la que la asistencia social del gobierno ha estado subiendo en los Estados Unidos, contrario a la reducción que se ha manifestado en el Ecuador.

Por otra parte, la grandeza de la mejora del bienestar del consumidor es mayor a la de Ecuador, la cual indica que los beneficios que implican la obtención de la admisión libre al mercado de la Comunidad Europea podrían quizás ser mejor que los precios del desarrollo del comercio bajo la implementación de las reglas del arancel proteccionista de la Unión Europea. El bien común general, también muestra un aumento del 1.67%.

Liberalización Parcial

Consumo de Buenos Precios. La Tabla 4.8 muestra la alteración porcentual en el valor de los productos de consumo. Ecuador y los Estados Unidos conjuntamente bajan el precio de los impuestos a un nivel estático del 2% de cada producto manufacturado.

Los Estados Unidos y la Unión Europea deciden reducir la tarifa a una tasa que no cambia del 2%, mientras que continúan recolectando cargos tarifarios como el resto del mundo.

En cuanto a Ecuador, esta liberalización incompleta se puede interpretar como un entre paso antes de una total eliminación tarifaria.

Acuerdo Comercial vs. Unión Aduanera del Ecuador

En esta parte, el investigador fue capaz de reconocer un paso importante de la situación teórica de Eslovenia que autoriza un acuerdo de libre comercio con la Unión Europea, el cual se convirtió en un sustituto conectando a la Unión Europea como un socio en su totalidad.

Esto hace que Ecuador y la Unión Europea retiren mutuamente sus gastos, aunque Ecuador aplica su propia estrategia de tarifas con el resto del mundo, en lugar de acomodar la regla tarifaria de la Unión Europea.

Para efectos de contraste, el investigador toma el caso de elasticidad uniforme de importación que se emplea en el caso de referencia y se convierte en participe del resultado de dos reglas de liberalización diferentes. Esta evaluación podría transportar un entendimiento valioso de las propiedades de las disposiciones de liberalización comercial disímiles.

RESULTADOS Y DISCUSIÓN COMERCIAL

La Tabla 4.9 muestra el porcentaje de cambio que está en el valor de los bienes y también toda la producción local con diferente elasticidad de sustitución a nivel de importaciones sectoriales cuando Ecuador tomó la decisión de firmar un convenio de libre comercio en conexión con Europa.

Una diferencia en el acuerdo del experimento del libre comercio sucede en el sector primario, ya que el costo se reduce en virtud del acuerdo de libre comercio, asociado a un aumento a la situación tomada como referencia.

La principal disminución de los precios es aparente en los objetos de cuero, alimentos y bebidas, las subdivisiones de transporte, por los límites que son mayores al 2%.

Para las subdivisiones de productos alimenticios, bebidas y de transporte, el alcance de un deterioramiento en los precios es del 20.8% y 9.4% mayor que las consecuencias de los puntos de referencia, correspondiente. En cuanto a la fabricación local, los productos de división principales ahora se manifiestan con una falla en la producción del 3.47%.

Para otras partes que también están experimentando mejoras en la producción, los avances son mayores en el marco del acuerdo de libre comercio que en virtud de la imitación de referencia.

Tablas 4.10 y 4.11 muestran la alteración porcentual en el volumen de las exportaciones e importaciones a la Unión Europea y el resto del mundo.

Con todo el potencial de comercio con Europa, los diferenciales de todos los bienes primarios y de producción masiva subieron a un 48.59%, aunque las importaciones procedentes de la Unión Europea mejoraron en un 33.95%. Equiparado a los resultados de referencia, las cifras son de un 8.3% mayor para las exportaciones y un 4.3% menor para las importaciones.

Sobre el comercio de mercancías con todo el mundo, las exportaciones han aumentado un 9.57%, a pesar de todas las importaciones que vienen de otras partes del mundo de igual manera subieron un 8.23% desde que el tratado de libre comercio no causa alteración alguna al comercio.

Observando a sectores individuales, los que se

consideran más que nada de importaciones primarias procedentes del resto del mundo bajan alrededor de un 2%, asociado a casi el 37% de debilitamiento.

Por otra parte, algunos sectores muestran una formación comercial importante con respecto a la Unión Europea y por no mencionar el resto del mundo. Por ejemplo, las importaciones de textiles procedentes del resto del mundo suben un 33.37%, frente al 6.32% del debilitamiento con relación a la situación de referencia.

Esto no constituye un precio de aumento menor de las importaciones procedentes de la Unión Europea como respecto al aumento de las importaciones de textiles que se derivan de la Unión Europea.

Por último, el investigador se aseguró de reconocer el impacto de la firma de un acuerdo de libre comercio con la Unión Europea en el ámbito del bienestar nacional. Comparado con el caso del sindicato de dicha sociedad, la prosperidad del cliente parece aumentar mucho más bajo el control del pacto de libre comercio mientras Ecuador no se preocupe por el comercio y permanezca abierto al mercado de la Unión Europea.

El bienestar de los consumidores sube un poco más bajo el acuerdo de libre comercio en un 30% de superioridad respecto al caso estándar de unión aduanera.

Por otro lado, el crecimiento del bienestar administrativo es significativamente inferior en virtud al evento de la unión de aduanas, que se reproduce en las pérdidas de ingresos de los precios administrativos.

El bienestar social general muestra además un aumento del 1.68%, algo menos que el ajuste de un sindicato de la aduana. Los resultados se resumen en la Tabla 4.12A.

Sugestivamente, diferente de los resultados de referencia, como medios para la mayoría de las áreas de importación; que son del 0.725 para Ecuador, y un 0.714 para los Estados Unidos. En cuanto a los valores que se utilizan de acuerdo a Rolleigh (2003), por otro lado, la elasticidad regular es mucho más alta, alrededor de 0.95 para la importación en Ecuador y 0.99 para los Estados Unidos.

RESULTADOS Y DISCUSIÓN COMERCIAL

En elevados niveles desagregados, cuan más grande es la elasticidad de sustitución, mayor es la influencia en el valor de los bienes de consumo. Por lo tanto, con los parámetros proyectados por Rolleigh (2003), la grandeza del precio baja en Ecuador, que representa 4.4 veces para el área textil y un 23 por ciento superior para el área de transporte de los resultados estándar.

En los Estados Unidos, por otro lado, no es siempre el caso. En la industria de alimentos y bebidas, con una mayor elasticidad de las importaciones, el valor cae un 75% más en virtud de la elasticidad estándar.

El segmento del transporte, la cantidad de deterioro de los precios es ahora menor, a pesar de la mayor elasticidad de importación. Esto posiblemente se debe a que en los Estados Unidos, la concentración de la mayoría de las subdivisiones es tanto de exportación como de importación.

Antes de que una empresa de transporte pueda efectivamente promocionarse, primero debe establecer una marca contundente e identidad con el fin de generar interés por sus servicios mediante el empleo de una estrategia enfocada hacia las ventas directas.

Comercio Internacional

Estas tablas muestran también el cambio actual en la magnitud de las importaciones y exportaciones para el Ecuador y los Estados Unidos al utilizar la elasticidad dada por Hummels mientras que en la otra tabla se muestran las capacidades comerciales correspondientes al utilizar la elasticidad.

En promedio, la utilización de las estimaciones que se han tomado de Rolleigh (2003), las importaciones y exportaciones de Ecuador con Estados Unidos suben por el 59.61% y el 85.49%, correspondientemente. Por el contrario, el uso de las estimaciones que se toman de Hummels (2001), los números son consistentes alrededor del 39.44% y el 51.11%, correspondientemente.

Asociado a la reproducción de referencia, el porcentaje

sube en el comercio, que es mucho más superior, sobre todo cuando las aproximaciones provienen de Rolleigh (2003).

Observando al nivel desagregado de las zonas principales de importación, la importación de equipos de transporte que provienen de los EE.UU. sube del 135%-173%, asociado a un 84% que está bajo la situación estándar.

Para el área de los textiles, con la flexibilidad que proviene de Rolleigh (2003), el aumento de porcentaje con respecto a las importaciones provenientes de los EE.UU. es de alrededor del 485%, que representa actualmente un gran aumento cuando se asocia al 115% que es evidente bajo el marco del evento tomado como referencia.

Otras subdivisiones principales de importación como por ejemplo los cereales y productos químicos muestran un menor aumento de importaciones que provienen de los Estados Unidos.

Satélite Pegaso

Fuente: Economía del Ecuador, 2015

RESULTADOS Y DISCUSIÓN COMERCIAL

Tabla 4.1: Sectores de los Estados Unidos y Ecuador

Ecuador	Estados Unidos
Avena y Nueces	Bebidas y Alimentos
Cereales para Desayuno	Cuero
Plantas	Madera y Muebles
Combustibles (Crudo)	Telas
Varios Productos Prim.	Equipo de Transporte
Productos Marítimos	Otras Producciones
Telas	Servicios
Productos Químicos	

Tabla 4.2: Tasas de Tarifas - Ecuador vs. EE.UU (unidad:%)

Sectores	Ecuador	EE.UU
Bananas	.1	7.3
Cereales	14.5	1.8
Flores	1.2	1.8
Petróleo	2	3.3
Otros Primarios	9.2	9.1
Camarón	20.2	2.4
Textiles	17.1	9.4
Químicos	7.5	3.9
Transporte	17	29
Otros de Fabrica	7.8	4.9
Servicios	.1	2.3

ECUADOR Y LOS ESTADOS UNIDOS TLC

Tabla 4.3: Resultados de Referencia

Sectores	Hummels (2001)	Rolleigh
Bananas	.60	.70
Cereales	.85	.75
Flores	.56	.85
Petróleo	.83	.70
Otros Primarios	.81	.75
Camarón	.77	.90
Textiles	.82	.95
Químicos	.86	.65
Transporte	.89	.85
Otros	.83	.80
Servicios	.84	.75

Tabla 4.4: Resultado de la Liberalización Comercial en el Costo de Buen Consumo

Sector	Precio	Sector	Precio
Bananas	.55	Primario	.57
Cereales	-.51	Alimento	-1.08
Flores	.58	Textiles	-40
Petróleo		Cuero	-1.45
Otros Prim.	.30	Madera	.28
Camarón	.45	Transporte	-.96
Textiles	-.17	Otros	.02
Químicos	-.25	Servicios	.89
Transporte	-1.45		
Otros	-.56		
Servicios	.56		

RESULTADOS Y DISCUSIÓN COMERCIAL

Tabla 4.5: Efecto de la Liberalización Comercial en la Fabricación Nacional

Sector	Cantidad	Sector	Cantidad
Bananas	15	Primarios	2
Cereales	-9.3	Alimentos	-3
Flores	2.85	Textiles	30.5
Petróleo	1.2	Cuero	-2.78
OtrosPrim.	.78	Madera	-5.14
Camarones	5.45	Transporte	20.73
Textiles	-.9	Otros	4.05
Químicos	-2.5	Servicios	-2.3
Transporte	-5.99		
Otros Fab.	-2.68		
Servicios	-.69		

Tabla 4.6: Resultado de la Liberalización Comercial de las Importaciones Principales (unidad:%)

Segmento	EE.UU	OPM	Segmento	UE	OPM
Cereales	75.45	-6.52	Primarios	36.05	-38.9
Otros	70.85	3.91	Alimentos	70.26	-11.7
Textiles	109.06	1.91	Textiles	65.97	-5.89
Químicos	37.25	-0.44	Cuero	30.48	3.56
Transporte	85.2	-11.37	Madera	12.40	-7.90
			Transporte	39.50	-5.00
Otros	5.89	-0.42	Otros	25.45	-9.80

ECUADOR Y LOS ESTADOS UNIDOS TLC

Tabla 4.7: Resultado de la Liberalización Comercial del Bienestar Institucional (unidad:%)

Institución	Ecuador	EE.UU
Bienestar Consumidor	1.00	2.45
Bienestar Gubernamental	-5.34	2.56
Bienestar Social	3.23	3.00

Tabla 4.8: Cargos Arancelarios

Sector	Precio	Subdivisión	Precio
Bananas	0.39	Primarios	-0.22
Cereales	-0.47	Alimentos	-1.08
Flores	0.24	Textiles	-0.34
Petróleo		Cuero	-0.78
Otros	0.20	Madera	0.34
Camarón	0.37	Transporte	-0.54
Textiles	-0.20	Otros	0.02
Químicos	-0.11	Servicios	0.55

Tabla 4.9: TLC Efecto del Precio-Producción, Eslovenia (unidad:%)

Unión Aduanera	TLC	UA	TLC
Primarios	0.23	-0.25	1.23	-2.37
Alimentos	-1.04	-1.21	-2.00	-2.56
Textiles	-0.23	-0.21	29.41	28.63
Cuero	-1.11	-1.23	-3.59	-3.06
Madera	0.30	0.24	-6.18	-5.25
Transporte	-0.87	-2.04	19.83	20.21
Otros	0.02	-0.05	4.04	3.66
Servicios	0.46	0.88	-1.17	-1.31

RESULTADOS Y DISCUSIÓN COMERCIAL

Tabla 4.10: TLC Efecto de Exportaciones - Ecuador

	Aduanas	TLC	Aduanas	TLC
Primarios	223.0	277.34	-17.21	7.56
Alimento	221.2	203.91	4.48	19.64
Textiles	109.8	115.45	-6.34	13.14
Cuero	21.34	18.45	6.34	18.68
Madera	-2.23	2.49	-11.56	0.89
Transporte	78.34	67.21	1.78	18.23
Otros	36.45	34.78	-378	7.22

Tabla 4.11: TLC Efecto del Precio y Producción - Ecuador

	Aduanas	TLC	Aduanas	TLC
Primarios	217.56	258.8	-18.14	7.89
Alimentos	202.13	205.7	3.67	21.45
Textiles	123.60	143.5	-5.34	15.23
Cuero	20.25	17.54	6.22	17.81
Madera	-1.76	-2.32	-11.78	0.34
Transporte	66.92	77.45	2.89	16.56
Otros	34.56	38.89	-5.78	7.03

Tabla 4.12: TLC Efecto en Importaciones - Eslovenia

Primarios	36.07	29.45	36.56	-0.80
Alimentos	68.45	67.43	-12.21	-3.74
Textiles	67.34	56.78	-7.56	34.78
Cuero	23.56	26.55	3.47	-0.67
Madera	16.25	17.34	-4.67	-1.34
Transporte	45.30	41.34	54.45	16.44
Manufacturas	45.34	45.23	-9.70	7.61

Tabla 4.12A: TLC Efecto en el Bienestar - Ecuador

	Aduanas	TLC
Cliente	1.4	1.8
Administración	2.9	0.9
Comunidad	1.7	1.6

RESULTADOS Y DISCUSIÓN COMERCIAL

Cuenca, Ecuador

Fuente: Wikipedia Turismo, 2015

Capítulo 5

CUESTIONES POLÍTICAS

En el primer escenario, tanto Colombia como Perú permiten a los EE.UU. libre acceso a sus mercados. A cambio de este acceso gratuito, estos países andinos reciben preferencias del ATPDEA. Al mismo tiempo, Ecuador renuncia a un trato preferencial arancelario del ATPDEA y se imponen las mismas tarifas que a Venezuela por parte de los EE.UU. lo que significa que a Ecuador se le cobra tarifas más caras que las impuestas por los EE.UU., al mismo precio de las tarifas de Venezuela aplicadas por el gobierno estadounidense.

Los niveles de exportación de Estados Unidos proyectan que Colombia, Perú y Ecuador bajo este escenario se tratan más con respecto al nivel de las nuevas tarifas arancelarias para el Ecuador de acuerdo con Venezuela y el impacto de las tarifas más elevadas de Estados Unidos para Ecuador.

Los resultados de este escenario pueden ser minúsculos en comparación con las consideraciones geopolíticas más acentuadas que se arremolinan en torno a estas negociaciones hoy, pero la probabilidad de que esta situación sigue siendo incierta dada la naturaleza estancada de las discusiones entre los EE.UU. y Ecuador. Lo que se sabe a ciencia cierta es que los Estados Unidos es el principal socio comercial de Ecuador, que representa más de un tercio de las exportaciones del país.

En el segundo escenario, Colombia y Perú permiten a los

CUESTIONES POLÍTICAS

EE.UU. libre acceso a sus mercados. A cambio de este acceso gratuito, los dos países andinos reciben un mejor trato preferencial del ATPDEA, y los EE.UU. elimina los subsidios en la producción proveniente de la agricultura.

Además, a partir de este escenario completo Ecuador renuncia a la tarifa de trato preferencial del ATPDEA en la que está obligado a pagar los aranceles de igual manera que los impuestos a Venezuela por los EE.UU. Los futuros niveles de exportación de Estados Unidos a Colombia, Perú y Ecuador bajo este escenario se analizan luego.

Esta situación también requiere un nivel de nuevos valores arancelarios de Ecuador para ser coherente con Venezuela y un examen del impacto del tratamiento preferencial para Colombia y Perú bajo ATPDEA.

La investigación para este libro demostró que mientras Ecuador tiene una serie de recursos naturales, entre ellos, en especial el petróleo y el gas. También tiene oro, madera y cobre, así como un sector agrícola significativo.

En la actualidad, la economía de Ecuador sigue dependiendo en gran medida de sus marcados recursos de petróleo y gas que representan más de la mitad de las exportaciones del país y alrededor del 40 por ciento de sus ingresos provenientes del sector comunitario.

Durante el año fiscal 2000, la economía de Ecuador sufrió una caída como resultado de la crisis bancaria que causó un desempeño económico negativo, haciendo que el país deje de pagar sus deudas externas.

Se han aplicado varias reformas estructurales y esfuerzos para incrementar el comercio internacional desde entonces con un empuje para ayudar al Ecuador a recuperar su vigor financiero con resultados mixtos, pero al mismo tiempo positivo.

Estos resultados son consistentes con las teorías económicas que consideran al libre comercio como una forma viable de promover el desarrollo económico en las naciones emergentes y hay una serie de ejemplos de los registros históricos que confirman que este método puede funcionar (Ackerman, 2004).

ECUADOR Y LOS ESTADOS UNIDOS TLC

Por ejemplo, según Ackerman, "Mientras más se permite gobernar a las fuerzas del mercado y una economía aún más abierta al libre comercio y la competencia, la economía será más eficiente y productiva".

Las teorías económicas neoclásicas que se basan en estos principios fundamentales no son nuevas, sino más bien se pueden remontar a los economistas clásicos del siglo XIX los cuales asumieron que los factores de producción continúan como la mecánica fundamental entre las industrias dentro de un país determinado, pero entre los países involucrados todas las tecnologías de producción no están al alcance de los mismos de manera que proporcionan al país con lo denominado "ventaja comparativa estática" (Ackerman, 2004).

Hay un contraste entre la ventaja comparativa estática y la ventaja comparativa dinámica, que varía de vez en cuando con el paso del tiempo.

La ventaja comparativa dinámica que Ecuador posee con respecto a sus niveles actuales de bienes y servicios se refiere en gran parte a su estratégica ubicación geográfica y el potencial para ser utilizado como una fuente y conducto para la producción ilícita de drogas, la distribución y la manera como estas eventualidades potenciales afectan a las decisiones de la política exterior con los Estados Unidos y sus países vecinos.

Los críticos de los esfuerzos de Estados Unidos para promover el aumento de libre comercio con los países andinos, incluyendo el pueblo ecuatoriano, argumentan que los acuerdos de libre comercio con los Estados Unidos son esfuerzos enmascarados para ejercer aún más la hegemonía estadounidense en el hemisferio con los países andinos que constituyen una traba menor al proceso.

Estas críticas están de acuerdo con la observación de Ackerman y sus colegas quienes afirman, "Hay buenas razones en teoría para dudar de los simples procesos del libre comercio, y una amplia evidencia histórica de que el éxito del desarrollo casi nunca se ha dado en un entorno de libre comercio". En consecuencia, cualquier ventaja comparativa dinámica que pueda ser parte de los acuerdos de libre comercio entre los EE.UU. y Ecuador son mucho más complejos de lo que podría indicar un análisis informal.

Recientes manifestaciones serias y a veces violentas de los ecuatorianos en respuesta a su propuesta de incorporación al Tratado de Libre Comercio de las Américas sugiere que el libre comercio sea visto desde esta perspectiva por muchos ciudadanos ecuatorianos que quieren alcanzar una solución para los problemas del Ecuador.

De hecho, la gran mayoría de los ecuatorianos aprobó una nueva Constitución que proclamó presidente del país al izquierdista Rafael Correa con controles más fuertes aplicados a la economía de la nación quien persigue un modelo socialista comparable al presidente de Venezuela, Hugo Chávez (Brodzinsky, 2008).

De acuerdo al presidente de la nación, "Hoy Ecuador decidió fundar un nuevo país" y el nuevo país fue fundado con casi siete de cada diez ecuatorianos que dieron su voto por Correa y la nueva carta. Con este mandato bajo su responsabilidad, Correa se sintió justificado reiterando que las viejas estructuras de poder han sido derrotadas.

Siguiendo el ejemplo político izquierdista de Venezuela, Correa fue agregando una ventaja para sus negociaciones de política exterior con Estados Unidos, porque lo último que los políticos estadounidenses quieren es una creciente amenaza para su seguridad proveniente del sur, pero esto es sólo la forma que Ecuador podría ser percibido por la comunidad de inteligencia de Estados Unidos, particularmente por motivo de los recientes acontecimientos en el Medio Oriente y la oleada de manifestaciones antiestadounidenses que tienen lugar en todo el mundo musulmán.

Por ejemplo, de acuerdo a Brodzinsky, "Con la aprobación de la nueva Constitución, Ecuador se convirtió en el primer país en la región después de Venezuela en institucionalizar su movimiento hacia la izquierda. Esta es una estrategia de izquierda por parte de Correa".

Algunas de las principales cuestiones de importancia que han surgido claramente de los últimos acontecimientos de la región incluyen el hecho de a pesar de que Correa está llevando a cabo iniciativas políticas que se asemejan a las que están pasando en Venezuela, el enfoque de Ecuador no está basado en una solución de "talla única para todos" sino más bien está diseñada específicamente para centrarse en los problemas del Ecuador. En este sentido, el cambio reciente de Ecuador a la izquierda no hace de Correa un venezolano "a querer" que sigue el ejemplo de Chávez, sino más bien un líder político con ideas afines que reconoce las limitaciones del exceso de confianza con las relaciones de Estados Unidos (Brodzinsky, 2008).

Sin embargo, incluso con estas diferencias, también hay una serie de similitudes entre la Constitución ecuatoriana y la carta de Venezuela aprobada en 1999.

En general, la nueva Constitución de Ecuador no es un programa marxista, sino más bien se orienta hacia una distribución más popular y equitativa de la riqueza de la nación, al menos en teoría. Entre otras garantías, las nueva Constitución garantiza a todos los ecuatorianos el derecho a tener acceso al agua, la asistencia médica universal, las pensiones y la educación estatal gratuita hasta el nivel universitario; además, la Constitución permite que el gobierno ecuatoriano confisque la tierra que está sin cultivarse para luego distribuirla a los pobres.

La Constitución, como la de Venezuela, también codifica la soberanía en términos políticos y económicos, y da el derecho a los presidentes a servir dos periodos consecutivos, es decir, el mismo Correa podría permanecer en el cargo hasta el 2017 respaldado por una reciente enmienda constitucional.

Esta eventualidad también significa que muchos ciudadanos ecuatorianos pueden considerar dicha continuidad en el cargo como garantía de la estabilidad política en un mundo incierto altamente deseable, pero queda claro que Correa sirve a discreción del pueblo y Correa tiene que encaminarse por una línea muy delicada y cuidar de sus acciones con el fin de evitar un levantamiento al estilo de la primavera árabe en su propio país.

Esto se dio por recientes manifestaciones violentas en las calles de la capital del país y la respuesta del gobierno ecuatoriano que tiene como resultado el descontento social al nivel visto en el Oriente Medio que no será tolerado. Por otra parte, el estado revisado del Banco Central del Ecuador en virtud de la nueva carta fue uno de los temas considerados en un referéndum en Venezuela que fue rechazado por los votantes en el 2007.

En respuesta a su nuevo mandato, el presidente Correa declaró que la amplia aprobación de la Constitución "va en línea con los cambios que toda América Latina está observando", en clara referencia a Venezuela, pero Brodzinsky también hace hincapié en que Correa pone frecuentemente en claro que él no es una mala versión de su primo Chávez y manifiesta "Su propia revolución ciudadana responde a las demandas de sus compatriotas, mas no a la agenda regional de Venezuela".

El mandato establecido por la Constitución de tendencia izquierdista del Ecuador es considerado de gran ayuda para el proyecto regional de Chávez, pero no es a causa de la misma. Tanto Chávez y Correa están respondiendo a las demandas populares de cambio en sus propios países.

Además de la autonomía mantenida por el banco central del país, hay algunas otras diferencias distintivas entre Correa y Chávez, en particular con respecto a cuestiones de política exterior.

Por ejemplo, Brodzinsky (2008) informa que el Ecuador no se ha unido a la Alternativa Bolivariana para las Américas, la opción elaborada por Venezuela en respuesta al Tratado de Libre Comercio de las Américas, y Ecuador se ha mantenido sin relaciones diplomáticas formales con Colombia a pesar que Venezuela lo ha hecho.

Por otra parte, las negociaciones de Correa con los Estados Unidos han sido históricamente con menos confrontaciones que las de Venezuela. Esta versión "más amable y gentil" de resistencia de Venezuela en las negociaciones de política exterior con los Estados Unidos puede ser parte de la razón por la que las negociaciones no han concluido, así como la esperanza de Ecuador de mantener disposiciones comerciales óptimas con Estados Unidos y otros.

Por otra parte, Correa tiene algunos elementos de negociación adicionales a su disposición que Venezuela no posee. Por ejemplo, después de su elección en el 2006, Correa informó que el contrato de arrendamiento en una base estratégica de la Fuerza Aérea de Manta por los EE.UU, Ecuador no lo renovaría porque la nueva Constitución prohíbe específicamente bases militares extranjeras en Ecuador; Sin embargo, Correa ha evitado la confrontación con los EE.UU. de manera que lo diferencian aún más de Chávez.

Como se ha señalado, con el potencial de Correa para permanecer en el poder hasta el 2017, Ecuador está disfrutando de un período de relativa estabilidad política que es verdaderamente inusual dado su pasado turbulento con ocho presidentes en la última década.

En este sentido la estabilidad ha sido una poderosa carta política y hay indicios que claramente se proyectan a que Correa siga disfrutando del suficiente apoyo popular en el futuro para mantenerse en el poder sin tener que recurrir a la táctica política arriesgada utilizada por Venezuela.

De hecho, el actual presidente ecuatoriano ha dejado en claro lo que concierne al método que va a utilizar en el desarrollo de la infraestructura del Ecuador. Ciertamente, el petróleo no es el único recurso de exportación de Ecuador que está siendo afectado por las negociaciones de libre comercio en curso con los Estados Unidos.

De acuerdo a un informe de Llana (2006), en su totalidad el 25 por ciento de todas las flores cortadas que se venden en los Estados Unidos provienen de Ecuador, especialmente de la región del valle de Cayambe donde ha surgido una industria de $ 350 millones.

Aparecerían estos tipos de industrias locales para obtener el máximo provecho del comercio racionalizado con Estados Unidos ya que ese mercado representa la mayor parte de su comercio actual.

Las manifestaciones, sin embargo, no se limitaron a Quito, y la gran mayoría de los ecuatorianos creen que las disposiciones del Tratado de Libre Comercio de las Américas son de alguna manera contrarios a sus intereses, independientemente de cualquier otra consideración basados en la creciente pugna hacia todas las cosas estadounidenses en la región, impulsado por los vituperios izquierdistas y anti-estadounidenses que emanan de Chávez. Sin embargo, parecería que algunos ecuatorianos, por lo menos, se beneficiarían de más concesiones facilitadas por el comercio con los EE.UU.

"Sin embargo, Canadá y los mercados europeos están siempre abiertos para un nuevo cultivo, y otros productos. Esta predicción se basa en las tendencias recientes del gobierno de Estados Unidos que dio indicios de un agotamiento del factor tiempo en los acuerdos provisionales que afectaron a esta industria"(Llana, 2006).

Desafortunadamente, prácticamente todos los informes relativos a las negociaciones de libre comercio son igualmente redactadas en términos de "pendientes", "en curso", "optimismo cauteloso", y así sucesivamente, pero al parecer ha sido evidente un poco de progreso sustancial en la conclusión de estas negociaciones.

Esta falta de progreso es quizás un reflejo de la naturaleza sensible de las negociaciones, dado el contexto en el que se están llevando a cabo. La postura dura adoptada por Correa en sus negociaciones con los EE.UU. puede tener algunas consecuencias adversas inesperadas e imprevistas para algunas industrias ecuatorianas.

En respuesta a los acontecimientos, la representación regional de Expoflores, una asociación local de productores de flores 'en Ecuador, hizo hincapié en que la industria de la flor ecuatoriana estaba muy preocupada por las negociaciones en curso con los Estados Unidos sobre cuestiones relacionadas con el comercio que probablemente tendrán repercusiones significativas en este país y los otros países andinos, pero estos otros ya han terminado sus negociaciones de libre comercio con los EE.UU., mientras que Ecuador sigue siendo el único manteniendo resistencia.

Es evidente, sin embargo, al igual que los EE.UU.

intentan mantener la solvencia mediante la aprobación del déficit presupuestario cada vez más alto, estos esfuerzos no representan soluciones a largo plazo a las restricciones que se mantienen al cierre de negociaciones entre los EE.UU. y Ecuador en formas que sean mutuamente ventajosas.

La ubicación estratégica del Ecuador y el aumento de participación en el tráfico de drogas, sin embargo, han complicado las negociaciones de manera que no necesariamente están siendo reportadas en la prensa dominante, pero que pueden ser discernidas, al menos de forma general, de los pocos informes relativamente recientes que existen de estas negociaciones.

El impacto de las estancadas negociaciones y sus resultados finales tienen un profundo efecto en decenas de miles de ecuatorianos que persiguen medios de vida en sectores fuera del petróleo y el gas.

Mientras Chávez y Correa forcejean con los EE.UU. sobre óptimas condiciones comerciales, estos sectores están siendo pasados por alto y el efecto desfavorable en el comercio podría ser mucho más grave de lo que predicen los observadores en un entorno geopolíticamente más amplio en el cual se llevan a cabo.

Por ejemplo, en una entrevista con Mario Castro, el asesor legal principal del gobierno regional de Cayambe, Llana (2006) llego a la conclusión que solo un poco de la riqueza petrolera del país se ha diseminado hasta llegar a esta parte del país, donde los ciudadanos confían primordialmente en la industria floral para sus ingresos.

En este ambiente político, es razonable sugerir que estos actores buscan aprovechar al máximo sus propios intereses a la medida posible dentro de los parámetros establecidos por la nueva Constitución.

Si Correa intenta nivelar su posición en la comunidad andina como el único reducto con el potencial de más tiempo en el mismo tema, gana terreno significante en la comunidad latinoamericana y un sentido de orgullo entre sus compatriotas ecuatorianos donde los líderes fuertes son vistos con aprobación.

CUESTIONES POLÍTICAS

Por ejemplo, Castro hizo hincapié en la importancia de la inversión de las comunidades ecuatorianas en la industria de las flores y argumenta que cualquier acuerdo comercial que pone a esta inversión en riesgo lo hace a costilla de las poblaciones indígenas en vez de los responsables políticos con sede en Quito.

De hecho, casi la mitad de la tierra cultivable en el valle de Cayambe se utiliza para la producción de flores en la actualidad y las comunidades aledañas han facilitado una infraestructura basada en esta industria (Llana, 2006). De hecho, la población de estas comunidades ha aumentado a 30 mil en los últimos años y el efecto conocido como "pueblo fantasma" se materializaría rápidamente si la industria de las flores se termina de manera significativa.

Es evidente que los protagonistas estarían dispuestos a ir lejos apoyando las negociaciones comerciales con los Estados Unidos que estarían en su contra. A pesar de la creciente importancia de la industria de las flores del Ecuador, la liberalización del comercio con los Estados Unidos sigue siendo un tema de interés, incluso entre aquellos que pueden beneficiarse de una conclusión exitosa de las negociaciones.

Como se había manifestado en el 2005, "Miles de ciudadanos bloquearon carreteras y quemaron neumáticos en el norte de los Andes, por la propagación de rumores que el gobierno estaba a punto de sellar un acuerdo de libre comercio con Washington" (Llana, 2006).

La pregunta clave, entonces, se refiere a las partes de las negociaciones que son más importantes en el rechazo de la aprobación popular de los acuerdos de libre comercio con los Estados Unidos, y estas deben ser lo suficientemente fuertes, ya que impactan directamente en las vidas de los protagonistas involucrados.

Este estancamiento fue el resultado de una ley aprobada en Ecuador que aumento los aranceles a las empresas privadas durante los períodos de aumento de los precios del petróleo; además, otros eventos que han tenido implicaciones mayores para estas negociaciones con los EE.UU. incluyen el hecho de que la petrolera estatal de Ecuador incautó un yacimiento de

ECUADOR Y LOS ESTADOS UNIDOS TLC

petróleo operado por la empresa estadounidense dueña de Occidental Petroleum Corp. en respuesta a un supuesto incumplimiento de contrato.

Teniendo en cuenta el 70 por ciento del voto a favor de Correa en las elecciones más recientes, es razonable aceptar que él disfruta de un mandato para seguir adelante con este compromiso, pero no todo el mundo está de acuerdo como deben continuar las negociaciones.

No es sorprendente que los ecuatorianos están "divididos sobre el tema", y alguna indicación de la igualdad de esta división se puede discernir a partir de los resultados de una encuesta llevada a cabo por Cedatos-Gallup establecida en Quito la cual llego a la conclusión que cerca de la mitad (42%) de los encuestados indicaron que estaban a favor de un pacto de libre comercio, pero un poco más (44%) fueron los ecuatorianos que se opusieron al tratado de libre comercio (Llana, 2006).

Hay algunos intereses establecidos que están involucrados en cualquier resultado de la mesa de negociaciones del libre comercio con Estados Unidos y siguiendo el capital pueden ayudar a determinar qué lado de los grupos involucrados del tratado de libre comercio podrían fracasar en los niveles de comercio actuales dados y los efectos potenciales del comercio racionalizado con Estados Unidos en el futuro.

Con miles de puestos de trabajo que están en juego en la industria de flores del Ecuador, cualquier acción de las corporaciones estadounidenses a reformar su régimen de intercambios existentes es ampliamente considerada como algo alarmante.

Irónicamente, los subsidios del gobierno para los pequeños agricultores en Ecuador serían necesarios a medida que los acuerdos de libre comercio redujeran su competitividad, lo que sugiere que cualquier nuevo tratado generado por dichos acuerdos no podría ser tan libre después de todo.

En este sentido, Llana toma en cuenta el argumento de Chiriboga. El libre comercio es la única manera de obligar al gobierno a apoyar a los agricultores que no pueden competir en un mundo globalizado. Actualmente, sólo el 8 por ciento de los agricultores ecuatorianos reciben subsidios, sobre todo de las ONG (Organizaciones No Gubernamentales).

El libre comercio es considerado como una manera de adaptar a las instituciones. "Tenemos que hacer algo o vamos a seguir exportando gente" (citado en Llana, 2006). En una entrevista con el presidente Correa, un periodista del Christian Science Monitor, AP Lowenthal (2011) hablo de las implicaciones del tratado de libre comercio y surgieron un sinnúmero de temas sobresalientes de interés para este estudio.

De acuerdo al presidente Correa, "Lo que se necesita es desarrollar normas nuevas y equitativas del juego y procesos para tomar decisiones verdaderamente democráticos. Para eso se necesita tiempo" (Lowenthal, 2011).

Con este renovado énfasis en forjar acuerdos comerciales justos y equitativos con los intereses del pueblo ecuatoriano como tema primordial en mente, Correa está caminando por una línea muy fina entre demasiada y muy poca regulación. Es también evidente que los objetivos del presidente ecuatoriano con respecto al libre comercio con los Estados Unidos incluyen en la agenda una serie de artículos domésticos.

Cuando se le preguntó acerca de sus puntos de vista sobre las políticas de Estados Unidos con América Latina y con Ecuador bajo el presidente Obama y si hay maneras para que el Ecuador y los Estados Unidos cooperen en temas de mutuo interés, Correa educado en Estados Unidos respondió: "Admiro a la sociedad estadounidense, y tuve una experiencia muy positiva en los Estados Unidos durante los cuatro años que estudié para el PhD. en la Universidad de Illinois. Pero la política exterior de Estados Unidos ha sido históricamente antagonista al cambio progresista en América Latina, y ha sido marcada por las actitudes de dominación y arrogancia" (Lowenthal, 2011).

El presidente ecuatoriano también estudió al parecer la Doctrina Monroe durante su experiencia académica en la universidad, y las experiencias de su país con las empresas de

ECUADOR Y LOS ESTADOS UNIDOS TLC

mano dura estadounidenses han convencido a Correa que una firme postura de negociación frente a Estados Unidos es el único camino viable para su país.

Los vientos cambiantes de la esperanza están, de hecho, soplando a través de los pasillos del gobierno en Ecuador. Tras la toma de posesión del nuevo Congreso del país el 5 de enero del 2007, el presidente Correa fue juramentado el 15 de enero del 2007 y sólo dos meses después, el Tribunal Supremo Electoral del Ecuador despide a 57 diputados basándose en de violaciones de las leyes de la campaña del país (Nota de antecedentes: Ecuador, 2012).

A partir de entonces, el nuevo Congreso se estancó en su proceso de tomar decisiones y toda la asamblea fue reemplazada esencialmente por un referéndum a finales de septiembre del 2007.

En un esfuerzo por ayudar a forjar el apoyo popular de sus políticas, el presidente ha gastado parte del capital del país en programas sociales y nuevas reformas.

Mientras se están tomando en cuenta las prioridades del país para aumentar el gasto social, el entorno empresarial ecuatoriano se ha deteriorado hasta cierto punto, sobre todo porque estas políticas continúan experimentando cambios.

Esta situación política dinámica puede ayudar a explicar el por qué las negociaciones de acuerdos de libre comercio se están demorando mucho y por qué se han estancado sobre temas desconocidos relacionados con la seguridad que pueden estar bajo las jurisdicciones de la Ley de Seguridad Nacional.

La economía ecuatoriana está compuesta de dos sectores principales: la producción petrolera (principalmente para el mercado interno y exportación), y la producción agrícola (para consumo nacional y exportación); los principales productos de exportación son el petróleo, banano, camarón, flores y otros productos agrícolas primarios.

Ha habido algunas otras reformas en Ecuador en los últimos tiempos que tienen el gran potencial de afectar a las negociaciones del tratado de libre comercio con los Estados Unidos. Por ejemplo, en el 2000, Ecuador adoptó el dólar como la moneda oficial del país a raíz de la crisis bancaria y una recesión en 1999.

Esta iniciativa mejoro la estabilidad económica y de rendimiento del Ecuador hasta el 2006 momento en el que el crecimiento económico se vio estancado una vez más por la caída del petróleo.

A finales del 2008, sin embargo, la gran recesión afectó negativamente a la economía de Ecuador. Además, el gobierno de Ecuador dejó de pagar sus bonos globales 2012 y 2030 en diciembre del 2008 con un valor aproximado de $3.2 mil millones; Sin embargo, en junio del 2009, el gobierno ecuatoriano había comprado nuevamente casi todo el 91% de estos bonos globales a un precio reducido.

Por último, hay una serie de incógnitas involucradas en los dos escenarios de "qué pasaría si". El presupuesto del 2012 de $26 mil millones de dólares para Ecuador se basa en un precio promedio proyectado por barril de petróleo crudo ecuatoriano de $79.80.

Después de tanta presión popular de bloquear una tercera postulación con manifestaciones en diversas partes del país, Rafael Correa Delgado, presidente constitucional desde enero del 2007, anuncio su posición de no participar en las siguientes elecciones del 2017 y más bien apoyar la consolidación de nuevos esquemas políticos, los cuales no irán por la reelección Presidencial.

La decisión es coherente con sus múltiples pronunciamientos públicos de defender los derechos, procesos y logros alcanzados. También ha manifestado que el proyecto político no es personal sino una construcción colectiva y ciudadana. Propuso al bloque legislativo de su movimiento, una enmienda transitoria en la cual pidió se "excluya de la postulación indefinida" al presidente de la República y a los asambleístas que hayan cumplido dos periodos consecutivos antes de una eventual vigencia de esta enmienda constitucional.

ECUADOR Y LOS ESTADOS UNIDOS TLC

Presidente Rafael Correa

Fuente: News.harvard.edu/gazette, 2014

Presidente Barack Obama

Fuente: Newsone.com, 2014

Teleférico de Quito, Ecuador

Fuente: Wikipedia Turismo, 2015

Nueva York, Estados Unidos

Fuente: Wikipedia Turismo, 2015

CAPÍTULO 6

LIBRE COMERCIO LA MEJOR SOLUCIÓN

La investigación para este libro acerca del libre comercio fue coherente al demostrar que Ecuador ha buscado soluciones negociadas a los problemas internacionales en los últimos años, y se puede esperar que estas tendencias continúen razonablemente en el futuro con resoluciones a las negociaciones del acuerdo de libre comercio con los Estados Unidos.

Actualmente, Ecuador es miembro de las Naciones Unidas y la mayoría de sus organismos especializados, la Organización de los Estados Americanos, así como un sin número de organizaciones regionales, como el Grupo de Río, la Organización Latinoamericana de Energía, y la Unión de Naciones Suramericanas (UNASUR).
Ecuador desempeñó la posición de presidencia rotatoria en esta organización, y la Comunidad Andina de Naciones durante los años 2009-2010. Además, Ecuador es miembro de la Comunidad de Estados Latinoamericanos y del Caribe.

Durante el gobierno de Correa, Ecuador ha logrado diversificar su economía y mejorar sus relaciones con los países de América Latina, Europa y Asia.

Por el contrario, el gobierno de Correa también ha propuesto lo que parece ser una línea en la arena geopolítica que sugiere que el país ya no acepta las condiciones comerciales que considere insatisfactorias para los intereses a largo plazo del país, pero la volatilidad de la industria petrolera y el naciente estado de la diversificación de la economía ecuatoriana, así como la probabilidad de que cualquiera de los escenarios que desempeñan un papel en el mundo real continua siendo incierto.

Lo que se puede concluir razonablemente es que Ecuador no puede ser otra Venezuela, pero se perfila para ser un competidor regional que pueda ejercer una influencia muy por encima de su peso económico debido a su estratégica ubicación geográfica y el potencial para perfilarse como plataforma de las organizaciones terroristas en el mismo territorio Americano.

En el análisis final, un Tratado de Libre Comercio de las Américas, que incluye a todos los países de la región, entre ellos Ecuador, no podría llevarse a cabo de ninguna manera mientras el presidente Correa este en el poder, y continuara en la presidencia por otros 5 años.

Esto quiere decir que a pesar de la estabilidad política, la prevista permanencia en el poder ofrece particularmente en vista del turbulento pasado político de Ecuador, el primer escenario y dos resultados que afectarán positivamente a unos interesados más que otros.

Con los ciudadanos del país igualmente divididos sobre el deseo de las disposiciones del Tratado de Libre Comercio de las Américas, es razonable llegar a la conclusión de que no importa cual escenario se siga.

Correa complacerá a algunos constituyentes mientras que defraudara a otros. La pregunta clave entonces será cuál de estos grupos de interés tiene más en juego y la mejor manera de balancear sus necesidades con los otros sectores de la economía ecuatoriana.

Históricamente hablando esta sobreentendido que las grandes corporaciones petroleras multinacionales prevalecen, pero la línea en la arena geopolítica establecida por Correa puede ayudar a excluir esta eventualidad y promover prácticas comerciales que beneficien a los sectores históricamente marginados.

ECUADOR Y LOS ESTADOS UNIDOS TLC

Las elecciones en Estados Unidos fijadas para noviembre del 2012, reeligieron a Obama y Biden con el 51% de los votos. El pueblo ecuatoriano decidió el resultado político del país en las urnas el 17 de febrero del 2013. Como resultado, Correa fue reelegido debido a que el país ha experimentado un gran progreso bajo su liderazgo. A pesar de que se opone a tal acuerdo con Estados Unidos, la mayoría de la población apoya su agenda política.

El libro se centró en la perspectiva agroeconómica para determinar la implicación de un acuerdo económico de tal magnitud, las ventajas, desventajas, y la mejor decisión para la comunidad ecuatoriana y de los EE.UU.

El Tratado de Libre Comercio entre Ecuador y los EE.UU., no beneficiará en última instancia a la economía ecuatoriana a corto plazo debido a que la industria no está muy bien desarrollada todavía. Eventualmente tomara por lo menos 20 años para conseguir la infraestructura adecuada para proyectar a Ecuador en esa dirección.

Los elementos de la mezcla del mercado juegan un papel importante en el desarrollo de las conversaciones del Tratado de Libre Comercio para un acuerdo entre los principales involucrados a nivel económico.

El precio es el principal determinante de si un país importa o exporta un producto. Precio mundial es el valor que prevalece en los mercados mundiales y es el valor acordado por medio del cual podemos vender o comprar productos.

Precio domestico es establecido a nivel local sin comercio. Haciendo caso omiso de los costos de transporte, si el precio mundial es mayor que el precio domestico antes que el comercio, por lo tanto, el producto está listo para la exportación. Si el precio mundial es menor que el precio domestico antes que el comercio, entonces importaríamos dicho producto.

El comercio permite a cualquier persona comprar productos a un precio más barato que en los mercados internacionales y vender aquellos a un precio más alto que si estuviéramos restringidos al precio doméstico. Los precios internos caen por los bienes que importamos y los

LIBRE COMERCIO LA MEJOR SOLUCIÓN

consumidores se benefician mientras que los productores se ven perjudicados como se demuestra por una reducción en las compras.

Los aranceles, por definición, son impuestos a las empresas que tienen bienes importados. Los aranceles tradicionalmente aumentan el precio domestico por encima del precio mundial por el valor de la tarifa. El aumento en el precio domestico dará lugar a una disminución de la cantidad nacional en demanda, y un aumento en la cantidad doméstica proveída.

Las cuotas son restricciones de la máxima cantidad de bienes que se pueden importar, y tienen un efecto similar al de los aranceles. Estas cuotas restringen la cantidad disponible a los consumidores domésticos y tienden a aumentar el precio dando como resultado un efecto negativo similar al de un arancel.

La diferencia principal es la distribución de los excedentes. Un arancel aumenta los ingresos del gobierno, mientras que la cuota de importación crea excedente.

El Tratado de Libre Comercio de Norteamérica ha incrementado el comercio y la inversión entre Canadá, México y Estados Unidos por la eliminación gradual de los aranceles, cuotas de importación y las barreras a la propiedad extranjera.

La economía de Canadá depende mucho más del comercio internacional de los Estados Unidos. Los canadienses pagan más impuestos y son menos remunerados que sus vecinos estadounidenses. Corporaciones canadienses han invertido fuertemente en el extranjero, especialmente en Estados Unidos. Canadian Pacific cuenta con casi un tercio de sus vías de ferrocarril en los Estados Unidos y es uno de los mayores propietarios de hoteles de lujo al sur de la frontera.

Antes de NAFTA ya había el sector de las maquiladoras. Establecidas por el gobierno, las maquiladoras son fábricas extranjeras las cuales pueden importar partes y materiales a México libres de impuestos, siempre y cuando se utilicen para fabricar productos para la exportación.

México es el segundo socio comercial de Estados Unidos, como resultado del comercio bilateral entre los países.

ECUADOR Y LOS ESTADOS UNIDOS TLC

Se pronosticaba que México sería la décima economía más grande en el 2015.

Los Estados Unidos continúan siendo la mayor economía del mundo, con un PIB de $15.7 trillones de dólares y el más grande para la gestión de la inversión extranjera. Los Estados Unidos también es líder en el campo del conocimiento, servicios financieros, y tecnología informática, estas posiciones serán importantes en los próximos años.

Hoy en día, las multinacionales estadounidenses operan en todo el mundo, muchas disfrutando de posiciones dominantes en sus respectivas industrias, seguidas por China, Alemania, Corea del Sur y Japón, con un PIB de más de 1 trillón de dólares correspondiente.

Las diferentes regiones se especializan en aquellos productos que se pudieran producir de manera más eficiente, el exceso de producción podría ser enviado económicamente a otras áreas que producen y consumen, y otros bienes que no se produjeron localmente fueron importados.

Este concepto de comercio, cuando se aplica a los mercados mundiales, ayuda a explicar el alto nivel de comercio internacional que se ejecuta en la actualidad. Sistemas logísticos eficientes permiten a las empresas mundiales aprovechar el hecho de que las tierras, y las personas que viven allí no son igualmente productivas, y la logística es la esencia misma del comercio. Esto contribuye a un nivel económico de vida más alto.

Cuando una organización logística opera a nivel mundial, la mejor empresa es generalmente una en la que las funciones de planificación y control están centralizadas y las funciones de la operación están descentralizadas.

Los diferentes sistemas tienen que estar en su lugar para la introducción rápida del producto, las necesidades del mercado concentradas, entrega inmediata, diversos servicios, canales innovadores, capital, inventario, crédito, inversión de trabajo en la construcción y equipo.

Los ecuatorianos son gente amable, quienes acogen a los extranjeros de todo el mundo, porque a ellos les encanta aprender su lengua y cultura, y aún mejor si hay inversión de

LIBRE COMERCIO LA MEJOR SOLUCIÓN

capital para darle vida a la economía local.

Hay aproximadamente 10 mil expatriados estadounidenses que viven en Ecuador y alrededor de 700 mil ecuatorianos que residen en los Estados Unidos. Por lo tanto, un acuerdo de libre comercio beneficiaría a ambos países.

Los EE.UU. es una potencia tecnológica que exporta automóviles, maquinaria y otros productos manufacturados a Ecuador. Sin embargo, China es la nueva fábrica a nivel mundial, y la India es la agencia de servicio al cliente para el mundo.

Los ecuatorianos tienen un cariño especial por el producto "Hecho en EE.UU", y están dispuestos a pagar cualquier cosa para conseguir dichos artículos debido a la buena calidad.

Por otro lado, Ecuador se beneficia de sus exportaciones libres de impuestos, tales como, el petróleo crudo, camarón, productos agrícolas y materias primas que van a los EE.UU., y da la bienvenida a la inversión estadounidense liderada por los sectores manufactureros y de venta al por mayor. El Tratado de Libre Comercio entre Ecuador y Estados Unidos le daría al ciudadano ecuatoriano común una mejor oportunidad para comprar, digamos, un vehículo que se vende en Detroit por $20,000 en lugar de $40,000 en el mercado ecuatoriano. Si el precio de la entrada de automóviles fuera lo mismo que en Detroit, los ecuatorianos aumentarían la demanda de más vehículos, que a la vez beneficiarían ambas economías.

En Ecuador se paga el Impuesto a Consumos Especiales (ICE) que varía de acuerdo al costo del vehículo y puede llegar hasta el 35%. Tambien, hay que pagar gastos de nacionalización, el 12% del Impuesto al Valor Agregado (IVA) y el 40% del *ad valórem*.

Los denunciantes, sobre la intromisión del gobierno de Estados Unidos en los asuntos privados de sus ciudadanos, casos Assange (fundador australiano de WikiLeaks) y Snowden (analista de la Agencia de Seguridad Nacional de los Estados Unidos), ambos en busca de asilo político con el gobierno ecuatoriano y ruso, son acontecimientos recientes que han demorado y comprometido el acuerdo comercial con

ECUADOR Y LOS ESTADOS UNIDOS TLC

Estados Unidos.

Una vuelta rápida de la historia que espero no se repita durante este proceso de negociaciones. Aunque el movimiento de independencia en América del Sur logró su objetivo primordial, ninguno de los líderes disfrutó de los beneficios de la victoria.

La invasión francesa de España dio a las colonias americanas la oportunidad de rebelarse. El golpe final para España tuvo lugar en la batalla de Ayacucho, cuando Antonio José de Sucre lideraba el ejército patriota que derrotó al ejército realista.

Cuando los Libertadores, Bolívar y San Martín, se reunieron en Guayaquil, el histórico encuentro no fue un éxito, y posteriormente, San Martín se retiró de todos sus cargos. Bolívar, luego regresó a mantener unida a su creación de la Gran Colombia, pero resultó ser una tarea imposible cuando su salud comenzó a fallar.

La Gran Colombia se vino abajo con la secesión de Ecuador y Colombia debido a las diferencias políticas. Tanto Bolívar como San Martín murieron en el exilio. Es triste darse cuenta que los padres de la libertad sudamericana terminaron en la desolación después de sacrificar todo en el nombre de una nación poderosa.

El sueño de Bolívar fue de unir a toda la América española bajo una sola bandera para estar al mismo nivel de las potencias extranjeras. Sin embargo, su sueño de panamericanismo se desvaneció con él. En 1830, en su lecho de muerte, Bolívar escribió: "América es ingobernable. Los que han servido a la revolución han arado en el mar".

El ex presidente de Venezuela, Hugo Chávez falleció en marzo del 2013, después de 14 años en el poder. Nicolás Maduro, asumió el cargo presidencial, y el país se encuentra actualmente en el caos político y económico, así como, una revuelta feroz por la oposición.

El presidente Rafael Correa visitó los Estados Unidos para dar discursos en Harvard, la Universidad de Yale y el Instituto de Tecnología de Massachusetts durante la segunda semana de abril del 2014. Correa habló de su agenda política y sus logros durante su mandato como presidente. También aseguró el programa de intercambio de estudiantes.

Entre 2007 y 2013, manifestó Correa, 1.13 millones de ecuatorianos salieron de la pobreza, y la incidencia de la pobreza extrema se redujo del 16.9 por ciento al 8.6 por ciento, mientras que el crecimiento promedio de un 4.2 por ciento al año. El país también ostenta la tasa de desempleo más baja en la región, un 4.1 por ciento, y de acuerdo al informe de desarrollo de la ONU es uno de los tres países con mayor movilidad ascendente (Harvard Gazette, 2014).

Ahora bien, es sólo cuestión de ambos gobiernos para discutir los términos del Tratado de Libre Comercio que ha estado en la mesa de negociación durante tanto tiempo. Las negociaciones están actualmente suspendidas debido a las diferencias políticas diseñadas para beneficiar a los pocos que controlan la economía nacional.

Cóndor Fabricado en Ecuador

Fuente: Economía del Ecuador, 2012

MAPAS

Mapa 1.1: República del Ecuador

Fuente: Economía del Ecuador, 2012

Mapa 1.2: Estados Unidos de América

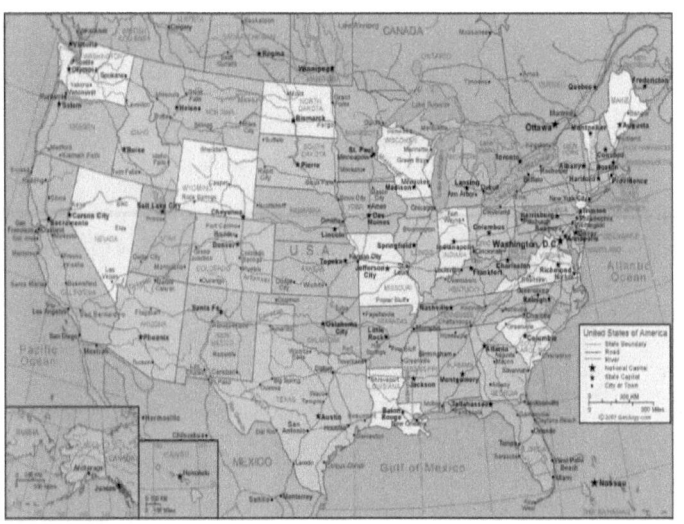

Fuente: Geology.com, 2014

BIBLIOGRAFÍA SELECTA

Ackerman, I., Nadal, F., Benetti, A., Gallagher, C., Salas, C. (2004). *The flawed foundations of general equilibrium theory: Critical essays on economic theory.* New York: Routledge.

Baker, J. C. (2003). *Financing international trade.* Westport, CT: Praeger.

Bush pushes Free Trade Area. (2002). *The New American,* 18(3), 1.

Chauvin, L. O. (2004). Farm tariffs, intellectual property rights seen as main obstacles to U.S.-Andean FTA. *International Trade Daily, Bureau of National Affairs.*

Ecuador Economy. (2012). *U.S. government: CIA world factbook.* https://www.cia.gov/library/publications.

Ecuador: Militant opposition to Andean Free Trade Agreement blockades several regions, moves to capital. (2006). *NotiSur.*

Faber, E. M. (2007). Pregnancy discrimination in Latin America: The exclusion of "employment discrimination" from the definition of "Labor Laws" in the Central American Free Trade Agreement. *Columbia Journal of Gender and Law,* 16(1), 37-44

Fandl, K. J. (2007). Bilateral agreements and fair trade practices: A policy analysis of the Colombia-U.S. Free Trade Agreement (2006). *Yale Human Rights and Development Law Journal,* 10, 111-115.

Gillgannon, M. (2004). Globalization proceeds without practical ethical guides. *National Catholic Reporter*, 41(8), 19-21.

Goodman, A., Gonzalez, J. (2008). *Democracy Now. Ecuadorian President Rafael Correa on the Lawsuit Against Chevron, Eradicating Foreign Debt and Why He Says "Ecuador is No Longer for Sale."* ww.democracy.org.

Goodwin, N. (2006). *Global Development and Environmental Institutions.* http://www.eoearth.org/article/Global_economy.

Hirst, M. (2004). *The United States and Brazil: A long road of unmet expectations.* New York: Routledge.

Hummels, D. (2001). "Toward a Geography of Trade Costs", *GTAP Working Papers* 1162, Center for Global Trade Analysis, Purdue University.

Jensen, K. B. (2004). *A handbook of media and communication research: Qualitative and quantitative methodologies.* London: Routledge

Kirchhoff, B. A. (1999). *Entrepreneurship and dynamic capitalism: The economics of business firm formation and growth.* Westport, CT: Praeger Publishers.

Kornis, M. (2004). The expanded Andean Trade Preferences Act and a U.S. free trade agreement. *International Economic Review*, 19-22.

Maniam., B. (2005). The Global Perspective of Free Trade Area of the Americas. *The Business Review, Cambridge*, 21(16), 12-23.

Matthews, D. A. & Maniam, B. (2006). Reassessing the case of Ecuador's Dollarization. *Journal of Economics and Economic*

Research, 7(3), 22-26.

Neuman, W. L. (2003). *Social research methods: Qualitative and quantitative approaches, 5th ed.* New York: Allyn & Bacon.

O'Neill, R. (2014). *HARVARD Gazette.* http://news.harvard.edu/gazette.

Palast, G. (2008). *Democracy Now.* www.democracy.org.

Relyea, C. W., Liliana, S., Fish, K. E. & Shankar, G. S. (2011). Laissez faire and international trade: A critique of the proposed United States - Colombia Free Trade Agreement. *Journal of International Business Research,* 10(1), 37-39.

Rolleigh, M. (2003), "Plant Heterogeneity and Applied General Equilibrium Models of Trade: Lessons from the Canada-US Free Trade Agreement", Mimeo, University of Minnesota.

Schott, J. (2004). *Assessing US FTA Policy. Institute for International Economics.* Retrieved from: www.iie.com.

Seelke, C.R. (2008). *CRS Report for Congress. Ecuador: Political and Economic Situation and U.S. Relations.* Retrieved from: www.fas.org/sgp/crs/RS21687.

USDA at work in Ecuador. (2011). *U.S. Department of Agriculture.* www.fas.usda.gov/icd/tim/FINAL.

Wikipedia Turismo. (2015). www.wikipedia

ACERCA DEL AUTOR

"SOLDADO BALANCEA CARRERA, EDUCACIÓN PARA TRIUNFAR"

Fuente: Fort Campbell Courier, 2013

Uno de los soldados de Fort Campbell ya cuenta como parte del 3 porciento de la población estadounidense que posee doctorados o títulos profesionales.

Este logro es aún más impresionante considerando que el Sgto. Juan Carlos Gachet, de la Compañía del Cuartel General, 2do Batallón, 502vo Regimiento de Infantería, 2da Brigada de Combate, 101va División Aérea, no es solamente un miembro enlistado del servicio militar de casi 20 años, pero también un inmigrante, esposo y padre.

Gachet, oriundo de Quito-Ecuador, se enlistó en las filas del Ejército por tradición militar de su familia.

"Mi padre sirvió en el Ejército Ecuatoriano por casi 30 años...Mi abuelo sirvió en el Ejército Francés durante la Primera Guerra Mundial". Dijo Gachet.

Antes de establecerse en el área de la bahía de San Francisco en California, el padre de Gachet le motivó a que continúe con su educación universitaria antes de seguir sus pasos.

"Cuando estaba ya en Los Estados en California, decidí no desperdiciar esa oportunidad, me dije, me enlistaré para servir mi país, ver el mundo y saber de qué se trata", explico la razón por la cual finalmente decidió enlistarse en mayo de 1993 como especialista de logística.

Como nuevo integrante, Gachet viajó a bases militares en diversas partes del mundo con el apoyo de su esposa Claudia. Aprendiendo y dominando el idioma inglés, disfrutó como padre con sus tres hijos, Monique de 20; Lisette de 18; y Jean-Carlo de 16 en la actualidad. Con su carrera establecida, empezó a recorrer el sendero educativo graduándose con un título asociado de la Universidad de Maryland en 1996.

"Cuando me enlisté en las filas del Ejército, empecé con este afán educativo y establecí objetivos para cada puesto que pase", dijo el hombre de 47 años de edad.

Por el año de 1999, durante su paso por Alemania, Gachet completó su segundo título asociado de la Universidad de Maryland enfocado en Administración de Empresas. Luego, adquirió la Licenciatura en Administración de Empresas en el 2002, seguido por el Magíster en Administración de Empresas con la Universidad de Hawaii Pacific en el 2008. A través de los años, trabajó diligentemente matriculándose en clases virtuales y tradicionales.

Administración de Empresas fue algo natural para Gachet, ya que su concentración principal era en física y matemáticas durante la vida colegial y decidió continuar con "algo relacionado con los números, física o algo al respecto".

"La ingeniería quedó descartada, ya que los diferentes centros educacionales no ofrecían algo similar en aquella época", lo manifestó Gachet. "Por lo tanto mi mejor opción fue escoger administración de empresas, la cual también tiene que ver con números".

Durante su trabajo como instructor en Fort Lee, Va., tuvo que ver con el empuje de obtener lo máximo posible en educación.

"Fui instructor por casi tres años, y allí otros instructores más experimentados y personal civil me habían manifestado 'por qué no continuas con el doctorado que te daría pleno derecho a enseñar'".

En Octubre del 2012, Gachet se graduó con honores en la Universidad California InterContinental con un Doctorado en Administración de Empresas en Comercio Internacional y Liderazgo.

Al disfrutar el desafío terminando tareas y preparando presentaciones, la culminación de sus títulos no llegó sin planificación y persistencia.

"Cuando estaba libre durante los fines de semana, tenía que sacrificar un poco de tiempo con la familia para lograr todas estas cosas", manifestó.

Gachet a menudo tomó clases durante la hora de almuerzo, o después de la conclusión del día de trabajo en el centro educativo de la base, a veces inclusive viajando a otros lugares para asistir a lecturas los sábados.

"A sido un desafío, pero posible de obtenerlo", lo manifestó. Al principio tuve estragos con el idioma, pero luego, me sentí más tranquilo con la educación, y pude lograr mis diferentes títulos. Por lo tanto cualquier soldado lo puede lograr. El soldado tiene que en realidad ponerse un objetivo y lograr dicho objetivo. Eso es todo.

Cuando Gachet paso la mayor parte de su carrera militar completando su educación en medio de movilizaciones tanto a Irak como Afganistán, cambios permanentes de bases y otros obstáculos, el motiva a otros soldados a que aprovechen de las oportunidades de tomar clases cuando puedan. Muchos programas del Ejército ayudan a los soldados con sus objetivos educativos - incluyendo ayuda financiera por los diferentes cursos, GI Bill, Post 9/11 GI Bill y más.

"Todo soldado tiene que aprovechar de estos beneficios," continuo el militar". Si ellos permanecen en el Ejército, eso les ayudara para avanzar...en su carrera. O si deciden salir, por lo menos con un título en mano será más fácil encontrar un empleo en el mercado laboral civil. Aconsejaría a cada soldado de mi unidad, de mi batallón, brigada y todo el Ejército, a invertir en ellos y obtener un título sin importar lo que sea".

"Me enliste en las filas del Ejército cuando el eslogan de 'Se Todo lo que Puedes Ser' estaba en pleno auge, y me dije si me enlisto seré todo lo que pueda ser. Ningún soldado tiene que salir del Ejército sin un título universitario; si yo lo pude, tú lo puedes" (Megan Locke Simpson, 2013).

Tradición Militar

Juan Carlos Gachet Castro, oriundo de Quito, Ecuador, se enlistó en el Ejército debido a una gran tradición familiar de servicio y aventura militar. Su padre, Juan Edmundo Gachet Valencia, sirvió en el Ejército Ecuatoriano por casi 30 años.

Durante la Primera Guerra Mundial, Francia enlistó en sus filas a todos los primogénitos de los ciudadanos franceses y por lo tanto Augusto Gachet viajó a Europa y fue parte de esta conflagración mundial. En aquel entonces Philippe Pétain estaba al mando de su unidad militar.

Andrés Augusto Gachet Baca

Veterano de la Primera Guerra Mundial. 1914-1919. "Distinguido ciudadano nacido en Ecuador, registrado en la embajada francesa, cumplió su servicio militar en Francia entregando su contingente para la libertad del mundo, casado felizmente con Laura M. Valencia, distinguida mujer quiteña, tuvo 5 distinguidos hijos y 5 bellas, hermosas y espirituales damitas, muchos nietos y bisnietos y miles de recuerdos nobles e imborrables. Tristeza y nostalgia por no tenerle conmigo, su nombre: Andrés Augusto Gachet Baca" (Gabriel Gachet).

Juan Edmundo Gachet Valencia

Servicio Activo: 1956-1981.
Padre querido y ciudadano ilustre nacido en Quito - Ecuador, sirvió en la Caballería, Infantería Mecanizada como tanquista, en el Batallón de Logística y Cuerpo de Ingenieros en Transportes como conductor. Felizmente casado con Bertha Castro de Gachet, tienen tres hijos: Juan Carlos, Augusto, Roberto, y siete nietos. Su cuota de la libertad del país es muy apreciada.

Juan Carlos Gachet Castro

Servicio Activo: 1993-2013.
Originario de Quito, Ecuador. Completó el entrenamiento básico en Fort Jackson, Carolina del Sur, y el entrenamiento individual avanzado en Fort Lee, Virginia. Después de su graduación, se le asignó la Especialidad Ocupacional Militar 92Y (Logística). Ejerció sus funciones en Italia, Alemania, Texas, Hawái, Virginia y Kentucky. Participó en dos frentes de combate, Irak y Afganistán en dos ocasiones. Continuó su servicio civil en el Ministerio de Veteranos de Guerra en la sección Fiscal y actualmente es contratista en la base militar Lee.

Residente de Chester Sirve en Afganistán

KABUL, Afganistán (21 de febrero, 2011) -. Un residente de Chester, Virginia está sirviendo actualmente como el sargento de abastecimientos para el Elemento Nacional de Apoyo a los Estados Unidos localizado en el aeropuerto internacional de Kabul.

El Sargento. Juan Gachet del Ejército de EE.UU. es responsable de más de $500,000 dólares en equipo y materiales, con apoyo directo a los miembros del servicio que entran en Afganistán a través de Kabul. Además de sus tareas habituales, también ayuda en el campo administrativo de las tropas que entran y salen, y brinda asesoramiento a los soldados que son desplegados por primera vez a la región.

"Es mi deber servir a mi país", dijo Gachet. "Estoy aquí para apoyar a las tropas estadounidenses estacionadas en KAIA, que salen del perímetro de la base a diario para brindar la seguridad a la población civil".

Cuando se le preguntó acerca de por qué se unió al Ejército de Estados Unidos, dijo que era "tradición familiar. "Corre por mis venas", agregó Gachet. Sólo quería mantener la tradición familiar, la cual empezó con mi abuelo durante la Primera Guerra Mundial".

Gachet cree que necesita ayudar a los afganos en la ardua terea de la reconstrucción de su país. "Mi motivación para proporcionar un ambiente seguro para Afganistán proviene de mi familia", explicó Gachet. "Es difícil estar lejos pero con su apoyo y saber qué puedo hacer esa diferencia, soy capaz de seguir y comprometerme con la misión al 100 por ciento" (Relato de Peter Lee, Marina de EE.UU., Afganistán).

Kabul, Afganistán – Sgto. del Ejército estadounidense, Juan Gachet (derecha) participa en una media maratón en el Aeropuerto Internacional de Kabul durante un evento de recreación moral.

Kabul, Afganistán – Con más de 50 libras en equipo militar, el Sgto. Juan Gachet (derecha) marcha 22 km".

Instituto Nacional Mejía

La trayectoria por el Instituto Nacional Mejía de Quito, Ecuador. Su lema "*per aspera ad astra*" latín que significa "por el camino áspero a las estrellas" establece un hito importante y la inspiración por mis esfuerzos académicos que me llevaron al mundo de la educación postsecundaria.

Apuesto a que todo el mundo extraña la vida colegial hasta cierto punto. Seis años, los mejores de mi vida, los pasé en el Mejía, donde la transición de niñez a juventud tuvo lugar. Tres años dedicados a la secundaria, al aprendizaje de las materias tradicionales, y los tres últimos aprendiendo Matemáticas y Física como materias principales.

Mejía es el centro de enseñanza a nivel secundario más grande. Varios líderes políticos y celebridades ecuatorianas experimentaron y compartieron sus actividades de aprendizaje.

Instituto Nacional Mejía. 21 de Agosto, 2015

Juan Carlos Gachet

Hace 32 años nos graduamos, no hubo incorporación ya que solo tres salimos en las listas oficiales, pero nos graduamos aunque sea un par de meses después. Fuimos partícipes de las protestas en contra de la injusticia social de aquel tiempo por lo tanto el gobierno suspendió las clases indefinidamente y este acontecimiento fue uno de los ingredientes para que no se realice la ceremonia oficial de incorporación, pero el último día de clases de 1983 hicimos el juramento al pie del monumento a José Mejía Lequerica, nuestro patrono, de reunirnos en el futuro después de unas décadas.

    Aquel juramento se hizo realidad en diciembre del 2014, 31 años después al encontrarnos en las gradas del Patrón Mejía y de allí nace el sentimiento del acto simbólico de incorporación que llegó a concretarse el 21 de agosto del 2015.

California Intercontinental University, Clase del 2012

Sólo el tres por ciento de los estadounidenses han logrado obtener títulos de doctorado o profesionales, lo que convierte a un soldado de Fort Campbell, el sargento. Juan Carlos Gachet en élite estadounidense. Gachet, un soldado de 20 años, es también un esposo, padre e inmigrante. Los logros del hombre de 47 años de edad no son sólo honorables; son prueba de que la educación está al alcance de todo el personal militar.

    Gachet comenzó con su educación superior en la década de 1990, y se graduó de la Universidad de Maryland con un grado asociado. Estas metas tuvieron un efecto dominó rápido, y así Gachet completó un segundo grado asociado en 1999, esta vez en Administración de Empresas, y continuó su educación en dicho campo. Recibió su Licenciatura en Administración de Empresas en el 2002 y una Maestría en Administración de Empresas en el 2008.

    Él atribuye su éxito a su propia determinación y al apoyo de su familia, así como también la asistencia económica proporcionada por el Ejército. Los sentimientos de Gachet son exactamente la razón por la que CalUniversity apoya a las tropas y motiva al personal militar a utilizar sus beneficios académicos del VA y GI *Bill* en nuestra universidad (Angelo Lioudakis, 2014).

Graduados
Dr. Scott Vowels, DBA-EBM
Dr. Juan Gachet, DBA-GBL
Dr. Kim Erwin, DBA-GBL
Dr. Marshall Cowell, DBA-GBL
Dr. Augustus Ynares, DBA-HCML
Dr. Blanche Shenosky, DBA-HCML
Dr. Julie Ann Carson, DBA-HCML
Dr. Monserrate Jurgensen, DBA-HCML
Dr. Sulma Gandhi, DBA-HCML
Dr. Tracy McClelland, DBA-HCML
Dr. Andrea Clarke, DBA-HCML
Dr. Hartinder Singh Johal, DBA-ISERM
Dr. Thomson Lukose, DBA-ISERM
Dr. Wajdi Aghnatios, DBA-ISERM
Sr. Fabio Sotelo, BBA-IME

Sábado, 6 de octubre, 2012
Estimado Juan:
"Permítame felicitarlo por su excelente presentación de la mañana del viernes pasado. Estuvo muy informativa e interesante. Usted aprobó la Defensa Oral de manera ejemplar".
Muchos saludos,
Dr. Dennis Toutant

"Fue un placer conocerlo y ver a su familia en la ceremonia de investidura. Como lo había mencionado, ¡¡ me fascino su discurso!! Como lo manifestó, los padres tenemos que guiar a nuestros hijos pero nosotros debemos dar el ejemplo. Eso fue maravilloso.
Nuevamente, ¡¡felicitaciones por graduarse con nosotros en CalU, Dr. Juan Gachet!!"
Gracias,
Maritza Sandoval
Asesora de Servicios Estudiantiles

Padres, Juan E. Gachet y Bertha; hermanos, Augusto y Roberto Gachet.
Esposa, Claudia Gachet; hijas, Monique y Lisette; hijo, Jean Carlo.

Mis padres Juan E. Gachet y Bertha Castro han dedicado con mucho cariño gran parte de su vida a sus hijos; Juan Carlos, Andrés Augusto y Luis Roberto, quienes a su vez correspondieron a dicho sacrificio en su formación académica. Augusto es Profesor de Cultura Física y Roberto es Economista. Nuestros padres en esencia han sido una inspiración a lo largo de todos estos años.

Mi esposa, Claudia Gachet, Profesora de Educación Preescolar, ha dado todo por nuestros hijos, Monique, Lisette, y Jean Carlo. Ellos han respondido a dicho sacrificio y Monique se graduó de Licenciada de Ciencias en Contabilidad, Lisette se graduó de Licenciada en Ciencias de Informática en Sistemas y Jean Carlo continúa con sus estudios universitarios en Administración de Empresas.

Anécdotas del Glorioso Instituto Nacional Mejía Físico Matemático 6to 6ta / 82-83

Compañeros Mejías

Anécdotas del Glorioso Instituto Nacional Mejía

CAPÍTULO 1

INSTITUTO NACIONAL MEJÍA

Instituto Nacional Mejía, 1983

La trayectoria por el Instituto Nacional Mejía de Quito, Ecuador. Su lema "*per aspera ad astra*" latín que significa "por el camino áspero a las estrellas" establece un hito importante y la inspiración por mis esfuerzos académicos que me llevaron al mundo de la educación postsecundaria.

Apuesto a que todo el mundo extraña la vida colegial

hasta cierto punto. Seis años, los mejores de mi vida, los pasé en el Mejía, donde la transición de niñez a juventud tuvo lugar. Tres años dedicados a la secundaria, al aprendizaje de las materias tradicionales, y los tres últimos aprendiendo Matemáticas y Física como materias principales.

Mejía es el centro de enseñanza a nivel secundario más grande. Varios líderes políticos y celebridades ecuatorianas experimentaron y compartieron sus actividades de aprendizaje.

Juan Carlos Gachet

Hace 32 años nos graduamos, no hubo incorporación ya que solo tres salimos en las listas oficiales, pero nos graduamos aunque sea un par de meses después. Fuimos partícipes de las protestas en contra de la injusticia social de aquel tiempo por lo tanto el gobierno suspendió las clases indefinidamente y este acontecimiento fue uno de los ingredientes para que no se realice la ceremonia oficial de incorporación, pero el último día de clases de 1983 hicimos el juramento al pie del monumento a José Mejía Lequerica, nuestro patrono, de reunirnos en el futuro después de unas décadas.

Aquel juramento se hizo realidad en diciembre del 2014, 31 años después al encontrarnos en las gradas del Patrón Mejía y de allí nace el sentimiento del acto simbólico de incorporación que llegó a concretarse el 21 de agosto del 2015.

Quito, 21 de agosto, 2015
Discurso:
Sr. Rector del Instituto Nacional Mejía, autoridades, compañeros, invitados y familias.
Ha llegado el gran día para cristalizar este evento de incorporación simbólica que tanto habíamos esperado desde diciembre del 2014.
Gracias por su participación en las diferentes reuniones.

Instituto Nacional Mejía. 21 de agosto, 2015

50 fuimos los integrantes del 6to curso 6ta sección y otros compañeros que egresaron de otras secciones de la promoción 82-83.

Hoy día somos 14, pero el resto de nuestros compañeros están presentes de corazón como es el caso de Oscar Albán, Raúl Ibarra, Freddy Arias, Muñoz, Álvaro Villavicencio y López quienes hicieron todo lo posible por venir, pero las circunstancias de la vida no lo permitieron por la obligación laboral, o por su residencia en el exterior tanto en Estados Unidos, España e Italia y pido un minuto de silencio por los compañeros fallecidos, QEPD.

Fuimos estudiantes del Glorioso Instituto Nacional Mejía, ¡el Partenón de la sabiduría! En 1983 o posteriormente egresamos del mismo como bachilleres de la República y con el paso de los años hemos cumplido metas, académicas, laborales y de familia.

Ya somos cincuentones, padres de familia, solterones empedernidos, arquitectos, ingenieros, doctores, catedráticos universitarios, corredores de bienes raíces, licenciados en restauración colonial, marinos, soldados, chefs, fiscalizadores, comerciantes. De todo un poco, pero ¡¡¡más que nada Mejías!!!

¡¡¡No son seis años es toda la vida!!!
¡¡¡ADELANTE VA EL MEJÍA!!!
¡¡¡TRES MEJÍAS POR UN PATRÓN MEJÍA!!!
¡¡¡TODA LA VIDA!!!
¡¡¡MEJÍA…MEJÍA…PATRÓN MEJÍA!!!
¡¡¡HASTA LA VICTORIA SIEMPRE!!!

Participantes del Evento del 21 de agosto, 2015

Raúl Xavier Domínguez Egas
Néstor Marcelo Esparza Cuadrado
Vicente Patricio Espinoza Boada
Juan Carlos Gachet Castro
José Antonio Lovato Villarreal
Juan Manuel Muñoz Valverde
Celso Geovanny Palacios Arturo
Jorge Rodríguez Santamaría
Orlando Marcelo Rojas Maldonado
Pablo Vinicio Sánchez Sánchez
Ricardo Iván Silva Álvarez
Hugo Patricio Tobar Buitrón
Bolermán Boanerges Tobar Duque
Byron Javier Trujillo Solórzano

Charlotte, North Carolina
21 de agosto, 2015

Enoch Ibarra

Estimados y recordados compañeros definitivamente uno siente mucho más lo que ha perdido cuando siente cuanto le hace falta, este sentimiento es el que me ha llegado estos días al ver a algunos de ustedes después de tanto tiempo, lamento más que nada no haber conservado la amistad de mis compañeros de colegio, pensaba que el tiempo nunca pasa, y ya pasaron 32 años. Salí del colegio con una meta fija, quería ingresar a la Fuerza Aérea Ecuatoriana, no lo pude hacer, me fallaron los ojos o no tuve un padrino ja...ja..., luego de esto, cambio drásticamente mi meta y me perdí de mantener una buena amistad con muchos de ustedes.

Gracias a la iniciativa de Juan Carlos he podido volver a ver a algunos de ustedes, cuantos recuerdos inundan mi mente al regresar a esas aulas donde pasamos hermosos momentos, siempre les dijo a mis hijos (tengo 3 por supuesto, el primero se llama Enoch Raúl, el segundo José Eduardo y el último mi Benjamín, se llama Matthew Benjamín) que la época del colegio es la etapa más linda que yo he vivido, estábamos aprendiendo a ser hombres, podíamos hacer las cosas que un hombre hace, pero seguimos siendo unos jóvenes que disfrutamos mucho y que pasamos lindos momentos, entre estudios, huelgas, paseos…

Hoy cuando estén en la reunión en nuestra incorporación, estaré desde lo lejos sintiendo la misma o mayor emoción, espero que ustedes la sientan, yo sé que lo van a disfrutar, he visto como han disfrutado cuando se han reunido, he visto que seguimos manteniendo la chispa, la alegría de aquellos años, por eso el éxito de esta reunión está garantizada.

Sólo quería hacerme presente con unas pocas palabras, quisiera decir tantas cosas, pero no quiero cansarlos, habrá otra oportunidad de hacerlo, sólo quería decirles que estoy muy feliz de que esta reunión se lleve a cabo y decirles que por eso siento una profunda tristeza no poder compartir con ustedes, espero hacerlo muy pronto y lograr reunirnos otra vez, porque esto no debe terminar, más bien debe comenzar aquí y debemos reunirnos más seguido, todavía tenemos mucho tiempo.

Un fuerte abrazo a todos.

Enoch, Negro, Kalule, Ibarra

"Al oír un fuerte grito, se asustó San Pedro un día, pero al mirar hacia Quito, alegre dijo el viejito, QUE VIVA EL PATRÓN MEJÍA".

Y para los que no se acuerden, el himno del colegio, comienza

Saludamos la luz de tu nombre
Juventud de la tierra, Ecuador

Los sagrados derechos del hombre
Te iluminan con su resplandor...

Quito, 21 de agosto, 2015

Marcelo Rojas Maldonado

Compañeros egresados en el año 1983, tengo el gran gusto y satisfacción de dirigirme a ustedes para darle mis sinceros agradecimientos, puesto que con la colaboración y presencia se realizó el extraordinario magno evento de incorporación algo que se veía casi imposible por lo que quiero agradecer a mi esposa María Elena, a mi hija Dianita, a mi hijo Israel y especialmente a mi hijo David que estudia en Argentina y a la distancia me decía papi tú puedes lograr que se realice tu incorporación ya que tu cuando te lo propones lo consigues y lo sabes hacer excelentemente bien.

Este impulso anímico, emocional es lo que hizo que me proponga a colaborar y empezar a realizar un bosquejo del programa, presupuestos, fechas, etc. Y es así que se convocó a una reunión el 11 de julio del 2015 en la que Pato Espinosa estuvo muy emocionado y dijo el día que llegue a ser realidad nuestra incorporación pondré una botella de whisky, luego la otra el 25 de julio y la última el 15 de agosto para terminar y realizar nuestra incorporación el 21 de agosto del 2015.

Verdaderamente que fue extraordinaria,
¿Por qué? Porque estuvieron autoridades del colegio,
¿Por qué? Era la incorporación de estudiantes que habíamos egresado hace 32 años,
¿Por qué? No fuimos incorporados y no fuimos investidos como bachilleres de la república
¿Por qué? Somos unos verdaderos Mejías
¿Por qué? Adelante va el Mejía y adelante siempre irá...

Es decir que hay muchas razones de ser extraordinaria nuestra incorporación, además debemos pensar que quizá somos los más que nos organizamos a más largo tiempo para realizar esta ceremonia que fue organizada por nosotros con la colaboración de las autoridades de la institución.

También fue extraordinaria porque estuvieron los invitados selectos como fueron los familiares más allegados, cercanos y debo indicar que hubo más paparazzi que invitados jajaja...

En fin estas y muchas razones para agradecer a mis compañeros que hicieron posible que se lleve a cabo este programa, además es extraordinario porque el festejo y el programa social fue en la casa de Mejía Lequerica en la que tuvimos condecoración, unos presentes, recuerdos de CDs, palabras, experiencias, brindis, buffet etc., y también la botella de whisky de Patricio Espinosa quien ha tenido pablas de gallero la botella que ofreció, llevo y nos tomamos hasta la última gota que terminamos llevando hasta el parqueadero.

Gracias compañeros por todo lo que hicieron y lo más importante fue su presencia ya que debo confesar que en la incorporación llegue a quebrantarme de emoción al ver que se estaba haciendo realidad algo que quizá hace años atrás no lo pensé ni me imagine.

Deberás que el evento magno que se realizo fue extraordinariamente excelente por lo que no me canso de agradecerles y decirle que un Mejía nace, crece y muere siendo Mejía.

Un abrazo del compañero que les quiere y aprecia.

North Brunswick, New Jersey
26 de octubre, 2015

Álvaro Gabriel Villavicencio Tumipamba

Nací en un barrio muy popular de la ciudad de Quito, San Roque, La Libertad. Un barrio muy querido, donde jugábamos fútbol en la calle hasta altas horas de la noche yo lo disfrutaba porque esa era mi pasión el fútbol. Entré al Instituto Nacional Mejía por ser uno de los mejores colegios de Quito. Éramos panas con Eddy Chango, Oswaldo Jorge Raza, y otros amigos.

El fútbol y los estudios me acompañaron en ese bello colegio...ahh...y también las chicas chicas estudiantes de los colegios cercanos al nuestro que nos quedaban viendo además

por llevar puesto ese impecable uniforme con el sello distintivo de Patrón Mejía, que orgullo salir a la calle, íbamos caminando y orgullosos nos veían.
Muchos y muy buenos profesores que junto a mi Madre que está en los cielos nos enseñaron antes de lo intelectual a ser personas de bien y buenos seres humanos.

Yo terminé el colegio como Físico-Matemático, pero en el Patrón Mejía todos somos amigos... ¡LOS AMIGOS SON PARA SIEMPRE!
Me gradué, luego pude ir a la Universidad Central para seguir la carrera de Ingeniería Civil. Cuando me gradué, empecé a construir viviendas de manera particular. Luego estudié una Licenciatura en Matemáticas y continúe hasta obtener el título de Master en Educación Superior.

Tengo 2 hijos que iniciaron sus estudios en Ecuador pero ya llevan 10 años por acá y ahora lo están continuando acá en EEUU, Rutgers University. La carrera de medicina. Yo también estoy por acá desde hace 9 años. Actualmente estoy trabajando en una compañía japonesa que se llama Shiseido, donde hago el control de la calidad de los productos en un laboratorio hasta la presente fecha.

No quiero olvidarme de dar gracias a Dios por todo las cosas que él ha hecho en mi vida y con mis hijos que en un país extranjero y tan difícil hemos visto su mano ponderosa.

Como una anécdota un poco dura y a la vez graciosa fue cuando al salir del colegio estaban afuera en las manifestaciones pero yo salía normal por la puerta principal por donde es la fachada del colegio Mejía esas gradas y cuando salí me doy cuenta que todavía continuaban las manifestaciones, lo único que hice es subirme las gradas hasta la puerta principal y quedarme de curioso hasta ver qué pasaba a ver que hacía, y ver los policías cómo lanzaban las bombas y yo ahí mirando con otros compañeros desde arriba la puerta principal de la entrada en la parte donde es el rectorado, se ve hacia el rectorado hasta que hubo un momento que de pronto los policías vinieron en gran cantidad hasta entrar al colegio y subir las gradas en eso me puse nervioso y quise entrar por la puerta principal y todos mis compañeros entraron menos yo, y la puerta se cerró ya no que la cerraron inmediatamente, yo dije ya me quedé solito ya me llevaron estos policías sufría y estaba muy apenado porque les veía subir a los policías por las gradas, yo golpeaba la puerta para que me abran y ya casi lloraba, yo no sé si estaría llorando pero de pronto alguien me abrió la puerta y creo que fue el portero que estaba a cargo de las puertas que le dio pena y sólo estiró la mano y me metió, y el policía ya no me alcanzó a llevar.

    Esas son unas de las cosas que me he reído muchas veces y les he contado a mis hijos de que a veces no vale ser muy curioso hasta en nuestra propia casa.

Ibarra, 26 de octubre, 2015

Oscar Omar Albán Villena

Un saludo cordial a todos mis compañeros Mejías de la Gloriosa Sexta sección FF.MM, La vida estudiantil en las aulas, patios e instalaciones del colegio transcurrieron llenos de alegrías, tristezas, esfuerzo, estudio, quien de nosotros no se deleitó con la capacidad de ese gran maestro de anatomía Tarzán Toscano y al mismo tiempo sufrió memorizando cada parte del cuerpo humano, conocimiento sin el cual no se podía aprobar esa asignatura.

    Quien no sufrió aprendiéndose de cabo a rabo el libro de filosofía del "Bombillo" Lara, que acostumbraba a evaluar de forma minuciosa al estudiante, y realizaba preguntas que solo quien había indagado entre líneas a lo largo del texto era capaz de contestar, la respuesta estaba tan escondida en el libro que generalmente releyendo una y otra vez y ni aun así se hallaba la misma.

    Quien no sufrió conatos de paro cardiaco cuando nuestro matemático "El Toro" Custode escribía en el pizarrón un problema de Factoreo y miraba a su alrededor a todos nosotros buscando cuál sería su próxima víctima del llamado "Tiro al Blanco" es decir estrellar la cabeza en un blanco dibujado en el pizarrón previamente dibujado por el maestro, el famoso "guaracazo" o el golpe, como castigo por no haber sido capaz de resolver el ejercicio; en fin, muchas cosas que todos pasamos y sentimos en carne propia.

Anécdotas propiamente dichas no recuerdo ninguna, pero si podría compartirles mi experiencia personal y fue en el último año cuando había que elaborar la Monografía, tesis o trabajo final de titulación. El suscrito era buen estudiante o al menos de los que están por arriba del promedio, competíamos en notas con los más aplicados A. Lovato, Hugo Tobar y otros más estudiosos que yo, les comento para ello, que a partir de que entre a conformar en Quinto Curso la Banda de Guerra del "Glorioso", mi rendimiento académico bajo ostensiblemente, una vez en sexto curso trate de recuperar el mismo y para demostrarlo, tome la "sabia" decisión de escoger como opción de titulación para consolidar la Nota de grado la opción de la monografía en lugar de la de Alfabetización que había implementado el Ministerio de Educación , por qué?, porque se tenía la percepción de que a Alfabetización "iban solo los vagos". En efecto, poco a poco fui dándome cuenta de lo equivocado que estaba; al ver los listados de quienes habíamos escogido hacer la monografía en lugar del programa de alfabetización, me di cuenta de que no habían ni 5 estudiantes, quienes eran, Hugo Tobar, Oscar Albán y algún otro que si hubo se me escapa de la memoria.

Como les relato nunca en mi vida estudiantil me había arrepentido de haber tomado tan desacertadamente una decisión y porque les comento esto, porque el director o tutor del trabajo de graduación de bachiller, que nos habían asignado era nada más y nada menos que el "Cuco" de Física , el Sr. Ingeniero Víctor Hugo Olalla que en esos momentos ostentaba el cargo de decano de la Facultad de Ingeniería de la Universidad Central del Ecuador, Me aprobaron un tema que nunca habíamos tratado a fondo "Péndulo Físico"; allí inicio mi calvario. Paulatinamente nos dimos cuenta de que mientras Hugo Tobar y yo investigábamos, pasábamos interminables horas en la biblioteca, avanzábamos lentamente con nuestra monografía, esperábamos por horas a que nos atienda nuestro tutor tanto en el colegio, como en su oficina en la Universidad Central.

Escuchábamos arrepentidos como el resto de compañeros entre ellos recuerdo a Marcelo Esparza, "Pugitos" Domínguez, Freddy. Arias, etc. Como contaban sus "experiencias" en el programa de alfabetización, ellos relataban entre otras cosas lo bien que pasaban en los diferentes recintos educativos donde ejercían esta noble labor de hacer conocer y capacitar a los iletrados , la misma que no solo se limitaba a eso sino también les daba la oportunidad de congeniar con las alumnas de los colegios femeninos "Las Chivas , Bomberas, Limoneras, las del Fernández Madrid, Colegio Espejo, entre otros y uno que otro colegio aniñado" que también estaban en el programa.

Muchos de ellos comentaban de los bailes que organizaban, de las fiestas y reuniones que tenían, incluso que muchos de ellos ya se habían conseguido una nueva "pelada". Al escuchar aquello una sana envidia y arrepentimiento nos embargaba el ser. Lo único que hacíamos al oír estas experiencias era mirarnos con Hugo Tobar y decirnos entre murmullos "que hemos hecho", donde nos metimos "nos tocó bailar con la más fea".

A lo hecho pecho dijimos, la única opción que teníamos era seguir con el desarrollo de nuestra monografía y esperar que la virgen nos ampare a ver si el Ingeniero nos aprobaba el trabajo final y esperar también que no nos masacrara en la defensa del mismo.

El arrepentimiento era de todos los días, nosotros viendo la claridad del día estudiando, investigando y mecanografiando, mientras los demás la pasaban de "agache" en el programa de alfabetización, todo por el orgullo de decir yo soy buen estudiante y tomo el camino más difícil, al final que sucedió, mientras la mayoría de alfabetizadores aseguraron su nota de 10/10 nosotros a duras penas sacamos una nota regular. Me quedo como experiencia que a veces más valen los resultados que los medios para lograrlo.

Han quedado muchas experiencias atrás, las mismas que nos han servido hasta nuestros días, incursione en un campo que ni por idea se me paso por la mente, en 1987 me gradué de subteniente de la Policía Militar Aduanera , el mismo

Febres Cordero fue a la Graduación, luego he incursionado en la docencia universitaria y actualmente estoy postulando para un Doctorado en Administración de Negocios, siempre agradezco al Colegio Mejía y siempre llevo sus enseñanzas en todos los actos de mi vida , constantemente estoy consciente de que por el camino áspero se llega a la cumbre.
Sexto Curso Sexta Sección
Promoción 82-83 Diurno.

Quito, 1 de noviembre, 2015

Patricio Tobar

Hola compañeros es muy placentero tener amigos como ustedes que se esfuerzan por estar en contacto.
Después que salimos fui a la Politécnica y al poco tiempo falleció mi papi que era Maestro, me dieron la oportunidad en el colegio donde él trabajaba de quedarme dando matemáticas. Desde ese momento me dediqué a la docencia.

Me cambie a la U. Central para respaldar el nombramiento y saque la Licenciatura en Matemáticas posteriormente saque otra Licenciatura en Administración y Supervisión Educativa luego una Maestría en Docencia de Matemáticas, lo que me permitió escribir 3 libros de matemáticas en EDINUN para educación secundaria y trabajar en la Universidad Central, hasta que llegó el Presidente Correa con sus leyes...Posteriormente una Maestría en Educación y Desarrollo Social, pues estábamos trabajando en el colegio Militar N°10 del Pintado y la idea era de enseñar a los líderes comunitarios en el Oriente. Actualmente estoy terminando la maestría que el estado tiene con la Universidad de Barcelona.

Una de las anécdotas que me acuerdo es que estando en sexto curso jugaba Ecuador - Argentina por las eliminatorias al mundial y al Glorioso Mejía le escogieron para integrar la barra Eveready cuyo sitio era en Tribuna del Estadio Atahualpa (no habían ya entradas para ese partido). Con el Inspector que era el Lic. Egas (Guaguazo) decidimos la forma para entregar esas entradas y solicitamos 10 compañeros para que nos ayuden en una actividad. Nadie quería voluntariamente y tuvimos que rogarles para que nos acompañen. Al final logramos juntar esos compañeros y casi les da un patatús cuando se les dijo que van a ir al estadio al ver ese partido. Regrese a las 23h00 y tuve que amanecerme estudiando porque al otro día teníamos examen de física con el Ing. Olalla.

Así mismo en sexto curso integraba la selección de fútbol del colegio, era capitán y en el partido contra la Academia Militar Ecuador me expulsaron y no pudimos llegar a la final, entonces el entrenador Hugo Ruales no me pasaba la nota de educación física, y sí que me asusté porque ya en todo estaba pasado...

No olvides en primer curso cuando nos llevaron al atletismo al estadio y la paliza que nos metieron esos grandotes del Colegio Militar y cómo al otro día los Mejías fuimos hasta la Orellana al Colegio Militar a protestar este maltrato...

En el paseo de sexto curso a Esmeraldas hicimos las gestiones para que nos presten el bus grande un Botar que tenía el Colegio. Nos acompañó el Anibital Altamirano. Quién no recuerda cómo el coco Freire (Micra) se quedó dormido debajo del carro...Nos habíamos hospedado en Esmeraldas y fuimos a Atacames al regreso no pudimos pasar por un deslave teniendo que quedarnos en la playa haciendo una fogata a la que se sumaron muchos ex Mejías, mientras ustedes disfrutaban esos momentos junto con el Anibital nos enlodábamos pasando el derrumbe y haciendo trasbordos hasta Esmeraldas a dejar la cosas en una sola habitación para evitar el pago de un día de hospedaje. Al regresar el bus se había enterrado en la arena y tuvimos que sacarlo buscando un tractor.

Uno de los momentos más bonitos fue cuando les lleve a jugar al Politécnico a Oscar Albán y Alcides Barahona, disfrutamos esos momentos saliendo del colegio nos íbamos a entrenar, y cuando el colegio formaba líderes estudiantiles con la presencia de personajes brillantes que se habían graduado en el Patrón.

Tengo 3 hijos, dos mujercitas y un varón que también egresó del patrón con quién compartimos desfiles de la banda, él en la de estudiantes y yo en la de egresados.
Ojalá el Bolermán nos cuente cómo siempre pasaba y era yo el que se quedaba a los supletorios.
El Geovanny también nos recuerde cómo alguna vez tocaron en el grupo folklórico que tenía.
Es fabuloso recordar esa parte de la vida que nos permitió formarnos para ser buenas personas.
Gracias amigos por hacer posible estos recuerdos. ¡Un abrazo!

Quito, 29 de noviembre, 2015

Byron Trujillo

Bueno, hasta que empecé a escribir, vengo de una familia con tradición de Mejías, fue mi abuelo, mi padre y mis hermanos alumnos del Glorioso Patrón Mejía. Yo no podía ser la excepción. Mis días dentro del colegio empezaron cuando mis hermanos mayores me llevaban a los entrenamientos de Judo, puesto que ellos fueron seleccionados no solo del Colegio si no de Pichincha y hasta del Ecuador. Al pasar de la Primaria a la Secundaria mis padres me inscribieron en el curso vacacional que el colegio ofrecía.

El primer curso lo pase en el edificio sur, donde antes había sido de los milicos, del Cuerpo de Ingenieros del Ejecito, ahora entiendo la forma de su fachada.
Aprendí a ser lo que todo "cachorro" en su momento debía hacer, primero estudiar y luego a protestar, recuerdo que alguna vez entraron los compañeros de los cursos superiores a sacarnos para una manifestación que había habido, una vez en la calle comenzamos a grita y al lanzar piedras, palos o lo que encontrábamos, luego vino la policía y nos dispersó, nos iban siguiendo hasta que encontramos una tienda cuya puerta estaba casi cerrada y no tuvimos más que ocultarnos allí hasta que todo pase, bueno toco hacer el gasto y luego de un buen rato la dueña nos mandó de su local. Recuerdo que unos

policías golpearon las puertas y nosotros desde adentro gritamos no hay quien venda. Otra anécdota que recuerdo fue que cuando salíamos a protestar por el "alto costo de la vida", los "chapas" nos seguían y nosotros corrimos hacia San Juan por las empinadas calles, los chapas nunca nos pudieron coger porque casualmente eran los más gordos los que nos seguían…ahí conocí los famosos motes de San Juan.

Dentro de las aulas la vida en clases no se pasaba con muchos sobresaltos, en primer curso recuerdo a un profesor que nos daba taller de carpintería, aprendimos a usar las herramientas me pareció bastante interesante, a un profesor que nos daba geografía cuyo cuaderno se llenó con dibujos de la tierra de la luna, de los planetas dibujos que copie de un cuaderno de dibujo que tenía mi padre desde su época de estudiante; en segundo curso el Lcdo. Almeida que nos daba dibujo técnico, recuerdo que la nota de mi examen era 19/20 y que para tener la nota de 20 el me hizo una pregunta por un punto, si contestaba bien tenía 20 y si no había un compañero que se encargaba de darnos un correazo por cada pregunta mal contestada…nunca saque 20.
Ya en tercer curso recuerdo del profesor que nos daba anatomía, del recordado Toro Custode y muchos más.

De los cursos superiores recuerdo al Dr. Flores, "El Loco Flores", que a pesar de haberse jubilado el siguió dictando clases y que su sueldo donaba para implementar el laboratorio de Química, del recuerdo la frase que nos decía en clases y cuando tomaba exámenes…"que el 10% era conocimiento y el 90% era sentido común"… Y que eso apliquemos en toda nuestra vida estudiantil y profesional…Palabras sabias.

Le recuerdo con admiración al "Indio Olalla", buen profesor de Física, me enseñó a quererle a la física, no sé por qué razón alguna vez nos contó que el al igual que el "Chinche Duque" el colegio por primera vez en la vida institucional, había otorgado una medalla de oro a cada uno por ser los mejores egresados de su promoción, que habían sido toda la vida estudiantil rivales inclusive en las aulas universitarias.

Recuerdo al entrenador de básquet el "Indio" Juan

Escalante, que me llamo para la tarde como aspirante a formar parte de la tercera categoría del básquet del colegio, a esa edad todavía tenía que pedir permiso en mi casa para poder asistir a los entrenamientos, nunca me dieron permiso, porque "tenía que estudiar", pero al siguiente año me dieron permiso. Me toco combinar el estudio con el deporte, lo cual lo hice, la tradición era que un buen estudiante era también un buen deportista, lo cual había sido cierto. Como olvidar las infaltables finales en el Coliseo Julio Cesar Hidalgo, cuando la selección entraba al coliseo todo el público se alborotaba, era algo indescriptible...En mi último año en la selección y que quedamos campeones intercolegiales por 13 años consecutivos, recuerdo la calle de honor que se formó desde el coliseo hasta el colegio, donde nos esperaban las autoridades para rendirnos un merecido homenaje...

Con mucha razón se dice que la vida de colegio es la más hermosa, que la mejor época es la de estudiante secundario, se la vive con tanta intensidad, como se añora esa época,... Pero en fin la vida continúa.

Bueno la segunda parte estará en la siguiente edición...saludos muy cordiales y un fuerte abrazo a todos mis compañeros, a los que estuvieron en la ceremonia de graduación y a los que no pudieron estar.

Sexto Curso Sexta Sección, Físico Matemático
Año Lectivo 1982-1983

Guido Fabián Aguilar Maldonado
Oscar Omar Albán Villena
Freddy Kelvin Arias Toscano
José Ramiro Ayala Carrillo
Hernán Alcides Barahona Proaño
Jaime Leonardo Brito Zaldumbide
Franklin Patricio Cárdenas Miranda
Eddy Patricio Chango López
Ernesto Efraín Chávez Ordoñez
Raúl Xavier Domínguez Egas
Walter Eduardo Egas Palma
Daniel Rómulo Enríquez Caicedo
Néstor Marcelo Esparza Cuadrado
Vicente Patricio Espinoza Boada

Jorge Humberto Freire Arellano
Juan Carlos Gachet Castro
Carlos Alberto Gómez del Salto
Jaime Oswaldo Guerrero Ben alcázar
Raúl Enoch Ibarra Rivadeneira
Washington Alberto Jiménez Duque
Víctor Eduardo Lara Chiriboga
Mario Eduardo López Guamán
José Antonio Lovato Villarreal
Jorge Fabián Mariño Erazo
Sergio Segundo Moreno Torres
Marco Antonio Muñoz Rodríguez
Juan Manuel Muñoz Valverde
Celso Geovanny Palacios Arturo
Juan Genaro Parra Galarraga
Kléver Arturo Proaño Velásquez
Jorge Roberto Pungil Carvajal
José Ignacio Quiroga Arévalo
Jorge Rodríguez Santamaría
Orlando Marcelo Rojas Maldonado
Gonzalo Vidal Román Martínez
Ramiro Javier Salvador Pérez
Pablo Vinicio Sánchez Sánchez
Guillermo Ulises Sanipatin Torres
Daniel Hermógenes Silva Almache
Ricardo Iván Silva Álvarez
Ángel Marcelo Silva Villagrán
Miguel Oswaldo Solórzano Tapia
Efrén Enrique Suarez Yépez
Luis Fernando Sulca Dueñas
Hugo Patricio Tobar Buitrón
Bolermán Boanerges Tobar Duque
Joffre Erney Torres Cueva
Byron Javier Trujillo Solórzano
Gustavo Fabián Villarruel Guerra
José Asdrúbal Yépez Gómez
Eddiu Antonio Andrango Veintimilla
Fidel Vasili Jirón Cruz

www.ingramcontent.com/pod-product-compliance
Lightning Source LLC
Chambersburg PA
CBHW020916180526
45163CB00007B/2765